此书献给我的亲人们

PARTRIDGE

A Penguin Random House Company

To order additional copies of this book, contact
Toll Free 800 101 2657 (Singapore)
Toll Free 1 800 81 7340 (Malaysia)
orders.singapore@partridgepublishing.com

www.partridgepublishing.com/singapore

CONTENTS

篇 目

流水势

你——谨以此文献给我的爸爸

一个"七零后"的蜗居故事

三月十八日

六月的最后一天

这诡异的几天

熙攘的历史名城马六甲

忆苦思甜的 Year of Tiger 行

自序

别了，老纯情

这几天突然顿悟了中年危机这回事，我的同事奚落我说：又？可见他听得耳朵都长茧了。于是转向另一同事，女性。我还没开口，她说：我每天累得跟孙子一样。到处都是看不见的压力。我当时就耳鸣了，自己的一番话就硬硬吞回肚子里，一个人吐苦水的时候，另外一个就得倾听，这是长期共事的基本情谊。

最近工作似乎顺利起来，不知道是量变达到质变，还是虱子多了不咬，总之作为一个职业女性，我已经深深认识到"误解也是沟通的一部分"这一真理，不理解都是暂时的，就像"滚滚长江东逝水"一般，英雄也终将被浪花淘尽，尽管结局都是虚无，可是当自己所有感官还相当敏锐的时候，虚无还很虚无的时候，就不能放下看开，火候时间都不对，提前放下看开，不就是不负责任吗？

最近读起苏东坡的"前后赤壁赋"，《前赤壁赋》空灵飘逸，如同山间清风天上明月，而《后赤壁赋》迷惘伤痛，徘徊忧虑，两篇文章的时间差距仅仅三个月而已，三个月之间苏东坡的情绪起伏可以这么大，足见现实的忧愁和压力对一个天性乐观，内心澄净的人也不会有些许的怜悯，何况一个天天在现实中打滚的普通人。在《笑傲江湖》

里，令狐冲身中百毒，只要皈依了少林寺就可以解毒，然而令狐冲猛然起身向方丈深深一揖，然后转身大踏步下山去了，忠于自己的代价就是"不要命"。然而这个情节在多年以后的今天还刻在我的心里，不能遗忘。要不是这样的精神鼓舞，怎么面对常常把你当成一个笑话的现实呢？诚如张爱玲所说"生命是一袭华美的袍"，容纳了一切的美好，所以我常常鼓舞自己："我要努力活下去，衬托世界的美丽"。

　　自己和自己之间往往会经历这样一个过程，"和谈不行了，欺骗失败了，战争揭幕了。"跟自己取得和谐对我来说是一个旷日持久的话题，万幸的是，最近似乎这种争论和怨怒越来越少，这是不是表示我步入成熟了呢？

　　苏东坡在 44-48 岁之间获得成熟，而且是成熟于一场灾难之后。难道我会比大文豪成熟得还早？这怎么可能呢？这是不是又是一个笑话？

　　管他呢，当快乐还在就乐在其中。财富甚或可以积攒，快乐可没有这个功能。　攒到明天估计就变成焦虑了。而我深知，焦虑是人生最糟糕的一种状态，而所谓成熟，无非就是将万千焦虑条分缕析，清理出一片清静的地方留给自己。

沛然

二零一二年三月于新加坡

老纯情事

飘

　　小时候看《飘》，一直记到今天的就是遇到解决不了的难题，斯嘉丽就会任眼泪簌簌而下："一切等到明天，先睡一觉吧。"她总是这么说。果然那么多为难的事情都让她一件一件含着眼泪在睡梦中煎熬过去了。我一直也不明白为什么那个腰缠万贯且风流倜傥的白瑞德，足以让万千女性顿时人仰马翻的男人，跟斯嘉丽之间竟然形成一种激烈的斗争关系，即使孩子也无法化解两人之间爱恨交织常常斗得难分难解的一场场恶战。可是结局却是：两个人的确是深深地爱着彼此啊！就算两个人深知这一点，却发现一切都难以挽回了。我想得都掉头发了，就是不明白何以两个深深相爱的人，为什么就不能一个往回退几步，一个往前走几步，这样不就"从此过上幸福生活"了吗？从此手拉手一起慢慢变老不是爱情最好的结局吗？显然不是看来。后来他们那个可爱的孩子因为坠马而死于非命，维系两个野心勃勃的人那最后一丝线也断了。于是心埋苦痛重新出发。想不出他们这样的人是不是觉得活着不自找难受没事不锤炼自己就是对自己人格的侮辱呢？

可是我不喜欢生活锤炼我。为此而勤学苦练躲避各种铁锤。

其实我们之所以越来越强，完全是因为躲避锤炼，决不是像《飘》里面的两口子，从互相锤炼的过程中得到无上快感。互相把各自捶打成干将莫邪，升华了，家庭孩子在个人野心之后。在我即将 40 岁的时候，终于在一个个噩梦中看明白这一点。所以跟我一样的人，练功是为了防身的人，永远不会成为赢家。究竟杨过赢了没有，武功上无人望其项背了，可是他最喜欢的招数却是"心灰意冷"。"心灰意冷"真妙：打特么什么打？ 你内分泌失调啊？一袖子就扇飞了。于是杨过遗世独立了，还好他终于找到小龙女。看到这里我真的长出一口气，要不是找到小龙女，他这一辈子可怎么混啊？满头白发一只神雕，一轮明月之下独臂舞木剑，人们一边围着看一边啧啧称奇：飒！二货！

帅！哪儿放出来的这是？！　他也只能独舞，人世间的风霜血雨都将一人承当。还好还好，金庸老先生仁慈，要不大英雄怎么办呢？

　　如果你问我是不是特别向往"一起慢慢变老"的生活。我只能说人生真辛苦，一天天一时时一分分一秒秒走着下坡路，据说下坡的途中生的乐趣无限，所以才能接受自己走下坡路的现实，或者干脆视下坡而不见，特别笃定地相信要么明天会更好要么活在当下的一个个瞬间。仿佛瞬间们简单相加就会获得幸福。在理论上，我完全不相信这一刻和那一刻或者其他一刻你加我我加你你加他就皆大欢喜幸福圆满了。实践上，我认为这更是一个骗局。　"你之蜜糖，他人之砒霜"，没听过吗？一切都得问问自己的心，尽管凡事问心无异于自讨苦吃，可是凡事不问就不苦吗？苦上加苦。要是非得把"凡事问心"扭曲成事无巨细大惊小怪，往事儿妈的路上一路狂奔去，那真的是造化在弄人。

其实我最近很背

其实我最近很背，虽然没坏到关羽走麦城，拿破仑遇到滑铁卢，乔布斯患上癌症，但是也确实没什么值得称道的地方。我需要安静地呆着，看着朋友们高谈阔论，胡吃海塞，推杯换盏，而我只需要坐着看着，然后想什么时候走就什么时候走，他们丝毫也不觉得失礼，只是随便我。面对诸多的要求，我能够笑着推开众人，礼貌地说句对不起，就心无忐忑地离开。我其实要的很简单，就是得到我心里真正在意的那份东西。具体极了，明确极了，追求了很久了，然而我没有，还是没有。可是奇怪的是这强大的失落感仅仅一瓶酒就能缓解，听朋友说说话，圈圈亲亲我就能让我轻松很多。所以的确也算不上什么，每当此时我引吭高歌：想得不可得，你奈人生何？李宗盛那么才华横溢，不也失落吗？可是他能够躲到北京做吉他去，我就不能，还是得顶着赤道的烈日躲也没处躲，躲起来也得立刻被揪出来，更火热地暴晒一番。后来，我干脆就在烈日下狂奔了，跟夸父一样，追日呗，追着追着，轰然倒地，也忘了自己为什么狂奔，最后超脱到为了狂奔而狂奔，我希望那一天早日来临。

昨晚在地铁站，我看到一个衣着非常简单的妈妈，只有她那么年轻的脸才经得住她那样无所畏惧的浓妆艳抹，假睫毛像两排牙齿一样挡住双眼，身上的衣着权充避体的需要，一寸都不能再少了，高跟鞋高得让我担心她呆会儿怎么把婴儿车放上 taxi，怎么抱孩子上 taxi。我没刻意地看她，只是她在夜幕低垂的时候，也像灯光一样闪烁着。然后 taxi 排成一条光闪闪的线缓缓向前，开门，上人，"砰"，走人。如此反复，我习惯得仿佛只听到一个人离开而已。轮到她上车了，司机没有下来帮他的意思，她大概也习惯于以这样的装扮，带着一个几个月的的孩子是常常得不到快速帮助的，很坦然地双手抱起孩子，然后换右手把孩子夹在腰间，左手拖着婴儿车，显然是打算凭借一己之力把婴儿车放进后备厢。我看着那个穿着一双小花袜子的小胖子，袜子上缝着两只小袋鼠，小得还分不出是男是女的小家伙，我走到车后面，打开后备厢，帮他/她的妈妈放好他/她的婴儿车，然后她的妈妈上车了，在我帮她关好车门的那个时刻，她抬头看着我，对我笑了笑，我也对她笑了笑。

　　其实我只是因为在圈圈的小时候，无数次当我一个人把圈圈从梯级上搬上搬下时，常常有人跟我说：come!然后圈圈就笑得前仰后合地被搬下楼梯去了。其实很多时候，我是故意选择有楼梯的地方把她搬下去，因为每次我搬起她的婴儿车下楼梯时，就会左右摇晃，她像一颗小皮球一样在车里滚来滚去，常常笑得上气不接下气，为了逗她开心，我可以搬上搬下好几趟。她那时候笑起来开心得我一看到她就能把产后肥胖这件折磨人的事情忘得一干二净。可是我竟然因为这样收获了那么多意外的帮助。关爱都是给孩子的，跟妈妈的高矮美丑其实没有直接关系。

我最近很背，尽管很背，我倒是非常满意我对别人依然可以产生帮助的热情。其实跟热情也沾不上什么边，很晚才回家，累得就想赶快躺下，赶快让她上车，排在后面的我也可以快点上车，快点回家看看我一天没见的圈圈。这样解释是不是特别缺乏美感，一点都没升华呢？事实是，昨天竟然遭到一个表扬：有爱心，有耐心，肯奉献。一般居心叵测的时候都这么刻意让人脱离现实，所以别升华我，我是什么样子我自己清楚。

肿么了？

甚矣吾衰矣，怅平生交游零落。白发空垂三千丈。栏杆拍遍，极目楚天舒，蝙蝠翻灯舞。千言万语的牢骚啊，我特别想知道的是，大英雄们登临做赋时有没有就冲动地大喊一声：你大爷的！我怎么想都是有的，被逼急了的时候，一定曾经这么做过。只是不知道该"你大爷"谁。以前我看池莉的《来来往往》，里面的大款叫康伟业，特别失意的时候，他一个人到了河边，并不想死，心情万千起伏，委屈难受不知从何说起，于是冲着河水大喊一声：我操！20 多岁时看到这一节，只能增加我对这部小说的喜爱。一个美丽的女作家，一个华丽的都市故事，装饰着这样一句成熟男人的粗话，很容易就被蒙蔽，心里痒痒地再也不想探询背后的涵义。

现在年纪渐渐大了，了解了什么是黑色幽默。那些生活里说不出的苦和困扰，你被这些说不出的苦和困扰裹挟着，终于摔倒了，爬不起来了，这时耳边响起当今第一男子汉普京的名言：真正的男人不断想办法，真正的女人不断挣扎。于是你破涕为笑的那种感受就是黑色幽默。想想还挺崇高的，自己都倒霉成那样了，还能破涕为笑，超越自我。昨晚我和我的女的朋友，相识已经 20 年，看完王尔德名剧《不可儿戏》之后，互相看着彼此笑。 就特别具有黑色幽默的意味，说不出来，你懂的。

因为明白了很多苦楚是说不出来的，所以再也不张口就评论。我高我低我前进我后退，都是因为我必须这样。最幸福的时光就是知道孩子好好地在楼下玩儿，家里人安心地各做各的事情，我还有点空闲和小能力写几行字让自己平静。我感谢上苍。今天问另外一个 20 年的朋友：怎么办？继续扛着？她答：嗯，歇歇继续扛。 我看着这行字差点掉下泪来？然后她补了一句：命！我就急了。看看我们中年妇女的对话，微言大义，三句话就让我情绪跌宕好几个来回。所以羽泉说的对：请不要招惹有内涵的中年妇女，后果很严重哦。一听之下，我高兴得都忘了自己困扰什么了，其实我也真不知道我为什么总是有种有苦说不出的感觉，只好总是把小丫头拽过来：臭孩子！臭孩子！臭孩子！她笑得全身扭股儿糖一样：哎，哎，哎，妈妈干嘛呀？

有一天我读辛弃疾的 《青玉案•元夕》读到最后两句，千古绝唱的时候，我突然有顿悟的感觉。那两句就是：众里寻他千百度，蓦然回首，那人却在灯火阑珊处。我突然觉得他回头看见的应该就是他自己。要是现代人翻译的话，是这样的：亲爱的自己，委屈你了，对不起。矫情得狠！

肿么了？

急忙去问一个浪漫的小朋友，她说是的，回头就是看到他自己。体验啊感受啊，这么长时间在黑暗里睁大眼睛看远方，终于有点亮光了。我为什么这么激动，那是因为理解了所有超越的情感最终都会落实到每个人。下面我要大发感慨了：美好的夕阳就如同灿烂的人生，一个短暂而的确美妙的过程，务必要珍惜。珍惜了自己才知道珍惜别人。珍惜了别人，才有超越的情感。这才是一个老文艺女青年的血脉。

"为君持酒劝斜阳，应向花间留晚照"

好吧，我承认了，我是文艺青年，我是文艺青年，肿么了？

二上加二

以前我能保持平静的主要原因之一是：每个星期我都会强迫自己坐在电脑前总结自己的生活的所谓感悟。最近我写得很少，是因为我看书很少，因为看书很少，因此我自己都知道面目可憎。因为面目可憎，怕蛛丝马迹到处都是泄露出我的不上进，干脆就不写了。 流连在微信上，但是我迟迟没有启动所谓的 shake， 因为我虽然最近脑子很短路，可是我一想到一个中年妇女没事儿就坐在那儿狂摇，远看很疯，近看很狂，横竖都似乎分外无聊。跟我的价值观相当抵触。好吧，我知道我这么说又得罪了人。我就是不想让自己摇，虽然有时候累得发了疯，全身隐隐作痛的时候，也顺手想摇个出来解解闷儿，咸淡扯几句，反正看不见，就当成年轻时的金城武好了。我是不是也太无聊了？最近很不爽，不爽是因为，我时时处处充满无力感。这种无力感体现在：时间在流淌，我随波逐流，看着亲爱的人渐渐远去。我头一次感到时间像块铁一样压住我。有一天，圈儿咪问我：妈妈你会死吗？我脱口而出：我当然会死。我不会跟孩子粉饰太平，尽管我多么希望我可以永远以目前的样子和目前的力气陪她一起长大直到永远。圈儿咪就哭了。为了让她不那么难受，我补充说：你要是对我好点，我就不会那么快死掉。说得我自己都心里一阵颤抖。恐怕等她懂得什么是对人好的时候，我早已经埋在地下成为被分解的腐殖质。懂得对人好并且有能力对人好要实现一统，并且那几个和你攸关的人还都能等待着你想明白搞清楚，是不是比哈雷彗星与我们人满为患的地球相遇一次的周期还长？完全看运气。我不是运气好的人，简直就从来没好过。有时很想大骂：整个一个装孙子的世界，不混了！然后自己就回答：你不混一个我看看，切！我是不是人格很分裂？我少年时的朋友把"知行合一"作为他的座右铭，我已经很懒得讨论所谓哲学问题，尤其是不喜欢和同龄的异性讨论哲学，透着十足的二的气质，就像我不能接受我这个年纪的人还天真烂漫地飞舞在花丛中一样，我宁可因为圈圈摔个大马趴我动用丹田气狂笑一阵。她摔倒了真的很可笑，刚趴下就立刻站起来，好像一个球落在地上弹起来一样，随即抬起头勇敢地说：妈妈，我没哭！然后向前走去，小脊背挺得直直的。我就喜欢这样的，万一我不能扶她呢，难道一直趴在地上等着好心人吗？她可以扶别人，但是不能等着别人扶她。这话听起来也是一身二气。难怪老虎最近常跟我说的话就是：你早点睡吧。言外之意，别较劲了，你这么教育孩子，将来跟你一样只能直面惨淡人生，还觉得自己挺负责任。你都快把孩子带到沟里去了。我是对自己有点动摇，因为太累了。我发自内心不希望圈圈像我一样非得独立非得这么累。从现在开始我要研究一下独立却不累的方法。然后写成几个小纸条，放在锦囊里，在她的人生紧要关头打开，出现一道曙光。我太二了。

圈圈最近也常常问我：我可以生孩子吗？我冷静而坚决地回答：可以，但是得先念书，然后结婚，然后才能生孩子。她听后若有所思。我也很吃惊，我告诉她的跟我爸爸妈妈告诉我的根本没有不同。按时结婚，按时生孩子，遵循生命正常的流程，居然是我对她最大的期望。这是我在年轻的时候迫不及待，急不可耐，跃跃欲试，飞蛾扑火，信马由缰非要打破的。长大之后却像明星珍惜自己的外貌一样珍惜孩子和家庭。我真是太可笑了。 人们有时觉得我很奇怪，可能是因为他们用脚趾头都能想明白的事情，我却得动用大脑。而我用膝盖就能想清楚的，他们却得吃无数核桃。所以当人们说：你很二。我坦然接受。但是如果他们说：你是个蠢货。我会立刻反击：你是个棒槌。

多元世界，怎么能绝对？

向左走，向右走

《向左走，向右走》是几米的一部漫画，至少提供了三种思路：人与人之间咫尺就是天涯；人与人之间看似很远其实很近；人与人之间的相识相知最终契合需要一次革命性的契机——地震。可是地震是要死人的，起码是要受创伤的。有鉴于此，大家纷纷选择要么加固两人之间的墙，选择彻底隔离，要么选择绕开危墙，并在危墙上点缀花朵以求内心安慰。

可是这不解决问题啊。鲁迅说：真猛士敢于直面惨淡的人生。就算不是猛士，直面人生也是必然的选择。人生如此美好，四季轮替，时间流转，爱情美妙，友情环绕，儿女承欢，父母关怀。这些足以成为强大的理由直面人生。反其道而行，把人生惨淡的问题都推给友情，甩给爱情，丢给父母，那人生中最宝贵的这三样东西都将毫无尊严地离你而去，给你留下的是更惨淡的人生。如此而已，简单的道理，令人疼痛的事实。甜得发腻的生活是不负责任的误导。人生是因为苦多乐少，不断追求探索才有幸福可言。马克吐温曾经听人描绘天堂的生活：天堂的生活甜滋滋，每个人都甜滋滋软绵绵，而且都一模一样，伸手从天上扯下一片云来都是棉花糖味道的。 此翁听后大惊失色：尼玛，还是让我下地狱算了。王小波也是这样：我就是活蹦乱跳的王二，我烧锅炉，我扛死尸，我情到深处倾心相爱女右派，我为一头猪唱赞歌，只因它活出一头猪该有的尊严。知识分子作为一个群体理应独立存在，承担起整个社会人文精神的传递。惟其如此，下一代才有相对来说较好的日子可以过。选择隔离，选择点缀，还是选择承受创痛寻求精神的契合为一个更好的时代出一份绵薄之力？这是个问题。哈姆雷特王子不断质疑的声音从未从人类生活中哪怕有丝毫的减弱，相反，我们的时代却以从未有过的光怪陆离呈现在眼前，已经远远超越王子所处的仅仅是宫廷斗争残酷，人文精神举步维艰的困境。每个人都被时代裹挟着做无目标的狂奔或者目标极其单一的决斗，彻底失去参与自己人生旋律创作的主动性，每每想起这个时代，虽然不能说悲从中来，但也为它如此迅速地隔离开每个个体的速度和不可思议的力量而感到吃惊。

《三联生活周刊》中的一段话深深地打动了我：生命如许寂静，我们年幼时如此，如今仿佛依旧……我们在至今尚未成形的世界里等待着，审视着每一个人，怀想着未来，如同野地里的战士，静候着不可预知的未来。这就是文学家和思想家必须存在的原因，因为他们不留余地告诉你真相，与此同时赋予人类希望，于是你再也不跟随别人

向左走，向右走

做非此即彼的选择或者妄图绝对地宽容涵盖，而是忍着痛剔除不必要的，留下对自己来说最重要的。"而后，做一个简单的人!"阿甘如是说。

我该如何存在

星期一即将来临.

星期六上午送走老虎，去完成他自认为光荣而伟大的事业。他的 Tshirt 上印着 passion, devotion。健步如飞，走到一半回头看看我，高高扬起他的右手，眼睛眯起来。

我仿佛觉得我们都还没老。

圈圈拒绝送爸爸，今年至少十次的送别，她已经了解了，去时三个人，回来两个人，再加上她哗哗流眼泪。这小姐学乖了，把送别的脚步就停在家门口。她站在门框边上叮嘱：妈妈，去机场你别忘了给我拿三颗糖，一颗葡萄的，一颗黄色的，还有一颗随便吧。

旁边同样送别的一个人，六十多岁，女的，她一边沿着玻璃门奔跑，一边打电话，不久她就在我旁边唱起 bye bye my dear, bye bye my dear...一边唱一边有节奏地摇晃着，仿佛听得人可以看到她。

我转身离开。

机场连接地铁站的通道有一个天井，阳光从天空垂下，轻柔摇曳。

我快走了几步，赶快走进天井。

回顾了一下刚才在车上，我和老虎拉着彼此的手，一个礼拜就这样过去了。他说。一年也就这样过去了。我说。

现在他飞走了。

我独自回来了。

星期六下午和朋友路过滨海艺术中心的图书馆。

正在上演戏剧家郭宝坤的一个短片。

一段一段的声音记录，没有人物出现。

声音此起彼伏，大多是生者对死者的墓志铭式的话语。

中间时，一个声音响起：我每天都在想放弃，因此我每天醒来都要重新做一个决定。郭宝坤说。

如果给我选择，每天如此疼痛地活着还是每天轻飘飘活着。

我还是选择前者。

前者让我更美丽。

"十七岁时可以将自己的不美丽归咎于父母。而 30 岁 40 岁时，依然不美丽，那要怪自己，在漫长的几十年中居然没有新的人新的事为生命注入新的活力。"

那天粗人老虎突然给我念了一段话，这在他来说，实属一个意外。竟然他还知道这段话是居里夫人说的。

疼痛的确不是坏事。

没有不会淡的疤。

没有不会好的伤。

没有不会停下来的绝望。

你在忧郁什么啊？

穿着一只红色鞋子，一只蓝色鞋子的青峰，清亮唱响人生这回事。

他虽然年轻，可是的确成熟，在时间的洪流中，人尽管有时如同一片落叶飘零，有时如同村上春树所说的一枚脆弱的鸡蛋，人能做的是什么呢？

时间永远不回答。

生命从来不喧哗。

就算只有片刻，我也不害怕。

是片刻组成永恒哪。

所以时间和生命都是我那不善言辞的朋友，伤痛，幸福，圈圈，老虎，都是他们在无言中交给我的人生。一天一天默默无言勤奋地过，无需回答，我自己就是最明确的回答。

星期六晚上，和朋友走入 chimes，一杯小酒继往开来。

都市的光缆

　　每月中，账单们如同雪片一样飞进我家信箱，然后被我钉成一摞，拿到楼下的自动付款机，一项一项支付，水电、电话、社区服务、保险、学费、信用卡，一次全搞定。便捷、安全，什么都没看见，钱们就哗哗地流向各个渠道，无关自己的痛痒。因为什么都看不见，那或新或旧，自己天天起早贪黑，含辛茹苦的血汗钱好像变得一点都跟辛苦没关系了。在你看不见的地方一根根光缆传输着它们到这里那里，在你这儿中转一下。　人就是这么慢慢变坚强或者坚硬的。　爷爷那一代连工资卡都没有，　每个月一张长纸条卷着薄薄的一叠钞票，交给奶奶。奶奶在灯下一张张平铺在桌子上，把那些边边角角因为多次参与流通而蜷曲的钞票抚平，如同抚平爷爷一个月来的辛苦，然后好好收起放进一个柜子的最底层。那不是贪财，那是朴素的情感，现在想起来心里都是酸的。都市精英们最缺的就是这个，自己也知道缺，因为大家的血管都电缆化了，只负责传输和中转，情感附加很少，否则产生电缆栓塞，不利于经济发展。

信用卡是个相当神奇的东西，小小一张，薄薄一片，闪闪一层，刘翔、章子怡章子怡、皮尔斯布鲁斯南、泽塔琼斯都非常抒情写意地在身无分文又身处险境的紧要关头"嗖"的一声扔出 VISA，结果就得救了，然后一句广告语：ALL IT TAKES! 啥也难不倒咱！我一直觉得这个坏主意来自《阿拉丁神灯》。神灯精灵动不动就跳出来给坐金山银山，好像都不要钱似的。怎么就分不清这是长期在恶劣的自然环境下苦苦挣扎的底层人民的美好幻想呢？就像中国的穷小子被折磨出幻想症了，貌美如花的田螺姑娘将一切不劳而获的梦想一一实现，不需要得时候还能变成一个田螺，水缸里呆着就行，经济得连地方都不占。为了虚妄的梦不断努力也有结果，结果就是出现了信用卡。

在网购不发达的年代，总还要劳动大驾去到大MALL 里面去转转，才能刷卡。至少盲目花钱还能控制。

网购发达之后，一切都像疯狂老鼠般，BUY NOW 的按钮在你手上，而你的按钮都在别人手里。　因为海市蜃楼实在太诱惑了，只要想想按个钮，存放在世界某个角落，这辈子在电视上都无缘一见的地方，存放着你喜欢的东西，按了钮，这个东西就长了翅膀飞向你，门铃叮咚一声，一张跨越千山万水的笑脸，这一幕电视上轮番哄抬，转眼间你变成了广告中的一部分，人生登时就戏剧化了，仅仅这一点就推动你买了不少垃圾回来，现实中你我都是一条电缆，作为 BONUS 给你一个付费笑脸，可谓电缆的戏剧人生。　你的人生的精华就是充当一条都市的好光缆，其他的什么精神啊，灵魂啊，空间啊，着实是浪费。

不要妄想摆脱光缆的命运，这是大势所趋，但是我总得挣吧挣吧，就算是输，也不能束手就擒。我跟我都市人的命运就做了一番如下的挣扎：树上卧只猴，树下蹲条狗，猴跳下来撞了狗，狗翻起来咬住猴，不知是猴咬狗，还是狗咬猴。　刚刚下楼把意欲把信用卡欠款一次性结清，省的每月咬我一大口还要藕断丝连着那么多利息，结果是我还不能一次结清，超出了月还款顶限。好吧好吧，那我就继续在树上蹲着，你继续在树底下觊觎着，逮着机会我就终结你！

有关真性情

为什么要天天写呢？因为白天的生活是一条永动的流水线，只要不停电你也不知道怎么才能让它停下来或者变换一下。不可否认那是一种好日子，具备优秀生活的一切特点。如李碧华所描述：七成饱，三分醉，十足收成，过上等生活，付中等劳力，享下等情欲。对大部分小富即安对物质要求极其有限的我这样的职业女性来说，应该是美丽人生了好几年了，可是为什么开怀大笑的时候不胜枚举，而开心的时候寥如辰星。究其原因，还是情和欲。就是文学作品常常赞美讴歌的那种所谓性情中人，其实是时下活得最不易的人。

朱德庸有幅漫画描绘了一个跳楼自杀的人，自由落体的时候，经过每一个窗口看到平常光鲜亮丽意气风发的人，晚上在自己家里卸了妆更了衣，买醉的，发疯的，狂吃的，大哭大闹的光怪陆离，于是这个将死的人知道了：敢情你们白天都是装孙子呢？只有我实诚得跳楼了！我太真性情了！漫画虽然黑色幽默，可是道尽了都市中的苍凉。大部分人最后就从了自己说知足常乐吧，还能怎么样？儿女绕膝，天伦之乐，知足很好，但是乐不乐的就很难说。只要性情在，就很难开心。

该有的都有，就缺少一点不该有的。于是就一门心思经营那点点不该有的，于是问题来了，你要是穿衣服常换常新，好事者会说：中年危机。你要是跟某同事特别投缘，尤其是异性同事，好事者又说：看见我们嘴巴就闭得像葫芦。你要是活泼好动，好事者又说：卖萌。总之是怎么都不对。性情中人为此而受了刺激，觉得内心世界无法得到回响，果真就抱定那点点不该有的，一门心思地经营下去了，结果呢，除了自己那点性情，任何一切都排除在门外了，顿时又觉得惶惶而孤单了。于是有人不远千山万水，转乘好几趟飞机换长途汽车，转狗骑兔子，最后换乘大象，大象一扬长鼻子，一声长啸，心里石头落了地去灵修了。回来后再问：何如？答曰：脱胎换骨！不日再问：何如？答曰：意欲再往！意思就是短短一个月需要再次脱胎换骨。其实何必那么劳神费力，周围那么多社区义工的工作，真要修，帮助别人就能修好自己，不用鞍马劳顿把自己拆散了再让灵佛装上。不能说毫无用处，可是形式大于内容，女人的晚妆，男人的风流，偶尔为之。

　　想要抱定发扬真性情需要两个条件，要不像曹操一样有权，屁股后头是叛军，前头还扎起大帐跟人乱搞，为此折了一员神勇大将典韦，事后有马屁精说：主公性情中人！

要不像 LADY GAGA 一样有胆，具有从石头缝里蹦出来的齐天大圣一样的热血和勇气。没有这两条，就别玩儿真性情，尘埃落地吧。

普罗大众，没有人群活不下去找不到安全感，过着随遇而安的小日子又有什么不好？

还不明白就看看已故作家王小波的著名篇章《一只特立独行的猪》，多少人曾经引用转载过这篇文章以至于脍炙人口，人人争当特立独行的猪。可惜的是特立独行这种品格在当今这个强调团队合作，平凡人干大事的时代已经荣升为玻璃框里的展品，仅供展览，请勿触摸。

午时三刻，假期结束

有些人的青春是在约会、红酒、PARTY 和水晶眼泪中璀璨度过的，而大部分人是通过想象这些绚丽光环而度过了整个青春时代，总之那段时间心被填得满满的，几乎要飞不起来。即使过了很多年，总是像哈雷彗星一样拖着一条长尾巴。

直到现在我还有一个同龄的女友沉溺于穿越小说，但凡顺心不顺心，均一头扎进此类小说中，这就像《悠长假期》中那个耳朵两边扎着抓髻儿的大姑娘说的：我们都买漂亮衣服，赚钱养活自己，努力让自己挺胸抬头，可是我们的内心依然还是小姑娘。

所以虽然和剧中人的代沟得填 10 几年，我还是深深爱上了这部电视剧。

迷惘的钢琴演奏者与过气儿模特的姐弟恋爱情故事。那个时候木村拓哉的脸的确如同一首温情流动的乐曲。不久前他做了一个化妆品的广告，繁华街道上的流动式广告牌流水线一样展示着他的脸，他那不年轻的脸保持了年轻时 80%的相似，跑掉的 20%就是《悠长假期》里那举手投足间如同清晨阳光般的温柔和性感。因此，剩下的那80%意义就不是很深远了。我的朋友不喜欢木村拓哉，我喜欢《悠长假期》中的木村拓哉。

"小子不坏，姑娘不爱"，这样的大白话，因为大俗所以大真，真理本来就是没穿衣服的。叶山南的弟弟叶山真二倒霉贯穿青春岁月，所以不得不爱上"私奔"以逃避钢琴给他带来的连串打击。就是这样一个夹着尾巴到处逃窜的流浪汉却让濑名那"温柔纤细，如初雪般"的爱人坠入这个倒霉鬼的情网。

这些故事都太过张扬了，就像孩子们吹出的肥皂泡，前一秒钟还是色彩缤纷的泡泡漫天飞舞，转身就变成一滴水融进土地里。然而我们都全心全意特别当真地编过导过甚至演过这样的故事，"只是当时已惘然"。"惘然"可以让一个人保持纯真的时间长一点。

生活真是一半海水一半火焰，刚刚看完《悠长假期》，剧中反复出现濑名在长堤上徘徊，奔跑，甚至狂奔，"此情无计可消除"。转脸儿就看见某主旋律媒体于显著位置报道国内某贪官落网之时正在与两名情妇在床上激战。刚刚因为文学艺术而袅袅上升的那点气，立即空中冷凝，飞速落地，噼啪砸几个小土坑。多年以来，上升与落地瞬间转换的精神蹦极玩儿了数不清多少次，相信吧，总有一次两次，老天眷顾，你一路顺风地扶摇直上你一路顺风地扶摇直上，俯瞰，无垠的草原上，《入殓师》小林大悟在浩瀚的长天之下演奏 MEMORY；《早春》精神贫瘠的小城镇里，敏感而脆弱的艺术家在破败的小餐馆中诉说心曲，窗外漫天大雪；《投名状》千疮百孔的战壕里，将军与"扬州瘦马"令人心碎的爱情；《让子弹飞》匪首和埋在白银堆中的师爷生死离别，等等等等。不知道你看出来没有，我一直在说的就是关于生活中不能没有美好感觉这件事。

美好感觉能干吗呢？啥也买不来，花钱买还不定能有，甚至在倒霉的时候变成累赘也说不定。那还要它干什么，高兴了拿出来玩弄一下，不高兴了就丢远远儿的。一个人的时候当然可以，现在不是都有孩子了吗？你不是想让孩子美好吗？要是你吊儿郎当地美好，给孩子的美好也势必不是认真的，那有一天你对孩子这不满意那不对味的时候，能责怪谁呢？尤其是孩子不幸或者有幸为官一方，小时候都没打好底色，就像《你是我兄弟》里面那个不择手段的官员一样，简直就是一个祸害，基本上承载了普通人尥了一辈子劲儿都不能望其项背的坏水儿。那是迄今为止我最讨厌的一类人了，我曾经不相信生活中存在这样的人，但是老虎摇着他那偶尔灵光的大脑袋说：怎么没有？既然真有，那更应该好好熏陶孩子，对美好事物不离不弃，不拿美好当工具。有一天长大了，到了他的午时三刻不得不结束假期的时候，不会因为发疯一样找补因为目的性太强而有明显缺陷的青春而做出让青春们集体抬不起头来的蠢事。

奥巴马在谈到教育孩子的时候曾经说，他将给孩子两件东西，一是一双翅膀，二就是根。我认为一个人最终飞不飞的起来，植根于他的美好青春。 美国都衰落了，还老奥巴马什么？美国再衰落，也得你撅着屁股脱了鞋再追 50 年！这是我一个朋友因气急而显凶狠的原话，他因为当了官儿所以去过第一、二、三世界很多地方，他说完，我喷饭。

原来你依然在那里

中秋前后别人团圆，我一有时间就大段大段复习《东京爱情故事》。

赫然发现，我记忆中的大团圆结局跟现在一个萝卜一个坑，只有理想（丽香）大风吹简直就是两股道。

在实在勉为其难想要附庸风雅的《花好月圆》音乐会上，一句"落月摇情满江树"，天风一样的句子，伴随着我前排的大叔脑袋断线的风筝一样猛飘一下，叮咚一声，他又醒来了。不久，我退场了。

我和大叔的区别在于：我不糟蹋东西。

赤名丽香和完治最终分手了，一次次的等待，一次次的失约，一次次相遇，又一次次互相推开，九曲回肠，终于断绝。小时候就跟着心潮起伏，现在结局挥手再见，依然让人潸然泪下，纯粹的爱情甚至不见容于我们自己，没有惋惜，只有凭吊，让美好的都归位于美好，让平凡的都落定于平凡，让沉淀的都深埋心底，但是，千万别听着《春江花月夜》睡觉！

你怎么看待情场浪子？他一定要帅，炫目的光芒，都市神勇，笑容绽放，无数女性如飞蛾扑火般涌上，你没见过戏里唱戏时候太太们往台上武生身上砸大金手镯，大金表，大簪子等等吗？有什么砸什么呗，并伴以惊声尖叫。要是能直接把自己丢上台去，那是最好不过。《东京爱情故事》中的三上就是这样的浪子，真诚地始乱了一个终弃了一个，可是你就是对他恨不起来，原因是什么，因为他爱的时候是倾心之爱，所以被乱的被弃的才感怀回味多于怨恨，这是爱情，要是非要跟他要：结婚，结婚，结婚！他一定问：何必，何必，何必？剧中情节安排得甚好，姑娘发现浪子不能给她婚姻，这是她的爱情归宿，却不是他的，姑娘毅然流泪分手，相当坚强。这样的选择比那些委决不下，天天以泪洗面，抱怨遇人不淑，恨恨责备她人趁虚而入甚而追击截击而自己就是不走人的做法高尚体面了好几个段位。属于主旋律讴歌的人物。《天龙八部》里面段誉的老爸，凡跟他有染的女人个个对他没齿不忘，以往的情事总是勾起无限唏嘘，恨的只是这段情事不能长久，而不是此人花心负心没良心等积怨。积怨成"窦娥冤"的只有段皇妃，她没有选择离开，而在仇恨驱使下选择给段皇爷带了一顶大绿帽子。可怜的女人不幸嫁给这样的人，姑且相信她是媒妁之言，没有经过审慎思考就一门心思飞蛾扑火了。我有时总有点小恶毒地想：就算放在时下，她的选择可能还是一样，遭受的煎熬也没什么区别。谁让她想不通，拎不清，非要到豆汁店里点羊角面包，非要跟风流成性的狮子要求推行一夫一妻制度，非要自己也明知道他给不了的，那你疼得满地打滚儿又怎么样呢？我就是没有啊！

剧终时，想结婚的最后都结婚了，想要爱情的都在刻骨铭心的爱情中获得成长，尽管依然孑然一身。可是丽香还年青啊，年青的时候没有这样的骨气，她的美丽将无所附丽，怎么会让我这样的中年妇女从心底里流泪，而不是脑门一热两行泪？

我喜欢丽香，倔强，顽强，爱笑，有活力，只是活得太累。可是她说：我给自己打 100 分！可见只是我觉得她累而已。选择忠于自己从来都不轻松。可你能说，选择随便过就能轻松吗？

但愿我这浅薄的感悟能给前行的人照亮万分之一的前途。

《剑雨》人生故事

　　三年来我看了三部电影,《阿凡达》、《锦衣卫》和
《剑雨》。每一部都让我印象深刻。是因为对精心制作又
能成功面世的作品发自内心的尊重。尤其是《剑雨》,让
我更大胆地思考自己的人生。

　　《剑雨》讲述了一个很深刻的人生故事。杀手细雨
在石桥上遇到高僧陆竹,陆竹真心点化细雨,点化的过程
就是一个用情的过程,用情很深,深到杀人不眨眼的女魔
头深陷感情泥沼不能自拔,"细雨"的绰号来自她杀人时对
手身上剑伤如同细雨连绵,她的辟水剑下死去的人都充满

痛苦和惊恐。高僧陆竹精心研究细雨的"辟水剑法"，发现四处破绽，在细雨求爱不得心魔大发剑拔弩张的时候，陆竹飞身上前化解了细雨看似毫无破绽的"辟水剑法"，并在胜利的临界点举重若轻地收回自己的所有功力，安然飞向细雨伸向天空的长剑，"以身饲虎"。细雨在陆竹死前依然追问爱或者不爱，一定要一个黑白分明的答案。陆竹回答："愿化身为青石桥，受五百年风吹，五百年日晒，五百年雨淋，只求那少女从桥上走过。"细雨幡然醒悟，爱远远超越霸占和得到，爱是最终的平静。死去活来只是一个在人生中不得不经历的锻炼，不是爱本身。

陆竹死后，细雨寻至易容高手李鬼手，请求他给自己换上一张最普通的脸，因为想过最平凡的生活，和自己的过去永别。在一个充满生活气氛的小镇上，易容后的细雨化名曾静，开了一个小小的花布档口，过起了平静的日子。然而她的脸虽然彻底改变，可是她经历生死如同拈针搭线的气度，很快就被"组织"发现了，前领导转轮王凭借蛛丝马迹很快就率领一众杀手绽青、彩练师和雷彬出现在曾静隐居的小镇，费尽心机得来的平静轻易就被击碎了。然而此时平静的生活做个好人业已成为曾静的信念，至于最终能否平静只能听凭造化缘分。拥有信念本身已经是最大的造化了。

那一众杀手也是人生百态精彩纷呈。雷彬狡诈多端见风使舵，没有杀人任务的时候居家过日子，常常在夜深人静时，爬上屋顶，一萝一萝面条平铺在高悬的明月之下，他认为月亮"晒过"的面条一定不黏锅，口感好，筋道。作为杀手他的命运很符合杀手的轨迹，带着致命的剑伤返回家里，老婆孩子还在睡梦中，他一手捂着伤口一手拿着筷子守着老婆孩子吃最后一碗月亮晒过的面条，归根结底勾心斗角最激烈的心底里也放不下好好过日子。那为什么要跟着疯抢呢？所以以后别起哄了。

彩练师最幽默，他的追求更简单，多年为转轮王卖命，出生入死落下一身伤病，据说大家疯抢的那个东西，一具高僧的尸体，可以弥补人生的任何缺陷。所以彩练师不顾后果反叛自己的老板转轮王，抢下尸体治伤。彩练师是江湖奇人，没任务的时候就在街上变戏法，有任务的时候武功加戏法，变化莫测。他的老板一边打他一边说：你变戏法就变戏法，练武功就练武功，总是混为一谈，活到今天也是一件奇事。然后利落地杀掉他。这是绝句，起头的时候就乱了，越有能力越乱得糟糕。

杀手们的老板转轮王更是一个笑话，武功盖世，心机过人，主营的业务就是刺杀高官，风险和收益成正比，所以他赚的银票堆起来比山都高。可是他的不能触及的疼痛处竟然是他不是个男人是个太监，那么多人出生入死为他争夺一具死尸，他迷信地认为他得到这具死尸，就能长出那个已经没有了的东西，怪不得美女兼欲女杀手绽青发现真相之后，哭笑不得地说：我杀前夫是因为他不行，你不是不行，是根本没有。转轮王老羞成怒，却语言温柔地把绽青活埋在石桥下，一边埋一边念叨：我把你埋在桥下，是为了我每次经过石桥时就能看见你，我的爱。他自己既不愿变身石桥守候爱人，也不愿爱人离开他的左右脱离他的掌控，那就都给我死在适当的位置等我有空来占有。

本来转轮王还有值得同情的地方，经过这些情节之后，当他反问曾静：你可以易容重新开始你的人生，我为什么不行，我不就想当个男人吗？我可以很确定地得出结论：应该是他不配得到人生。要是这么自私这么残暴也能获得新生的话，那真是没地方说理去了。剧终的时候，曾静和阿生用生命互相交换最终取得和解，我松了一口气，以前的都过去了，决心当个好人，已经为当好人吃尽苦头了，要是还没有一个简单平静的生活，那简直就是天理难容。

我很满意地走出电影院，天也蓝了，地也宽了，印度尼西亚飘过来的浓烟也不那么令人窒息了。这算什么呀？

检点人生

　　不加检点的人生是不值得过的。

　　初次看到这句话，频频点头，心里充满触动。像一切脑子里一锅粥团团转的人一样，看到每句格言都动情，就像年轻的时候受荷尔蒙驱使去不断喜欢和讨厌一批人一样，还大模大样地声称：爱就爱了，还需要理由吗？哲学地来说，爱是一种思考，既然是可思考的东西，就必然是存在的，那么没有理由的东西就是不会引起人思考的东西，可见那些看似率性的口号，是多么地不负责任和不理性。可是一个人不负责任其实也能过一生，就是一睁眼一闭眼的事，就看你的选择。我选择负责任地过日子。

　　检点这个词，总是会让人联想到生活作风，其实不然，如果人的一生只需要检点生活作风和男女关系，那人生实在不值得花那么多时间思考，从古希腊的哲学家到现代的智者，跨越了好几千年，你不会说他们仅仅就是检点了男女关系的问题吧？聪明的人去动物园走一圈，就能把不加检点地男女关系本质检点地很清楚了，猩猩穿上西装不还是猩猩吗？所以电视上报纸上网络上集体热议的这个3甚至那个4甚至还有5的问题，仿佛中国人民的婚姻都拥挤得如同北京的二环和三环，大部分是居心叵测。既不能澄清现代人的思路，也没给深陷泥沼的人一点救助，而是让更多的人集体陷入泥潭，越滚越脏。在这个意义上，现代的传媒的确是个大酱缸，我可不希望我的孩子陷入这种狭隘的恶性循环，所以我必须检点自己的人生。

我最近开始在照顾圈圈之余不断地问自己：你到底想要什么呢？这么问自己是因为我感到生活已经上了一个既定的轨道，变化的可能性已经很小。而我一直觉得变化才是人生精彩的前提。当我一直没法回答这个问题的时候，就陷入一种自我否定的状态，内心自我否定，在外部就反映为天天花枝招展地捯饬自己，每天见人就笑，春风满面，呈现出一种很茂盛的姿态。这种时候的确是人生最需要检点的时候。这是一种由于自身对人生的莫名其妙的危机感而产生的虚假繁荣，是很不值得提倡的。就像一段轻浮的音乐，就像一阵掀起扬天尘埃的大风，就像一个突然受到骚扰的蜂窝，充满动力，可是属于没方向的混乱力量，我意识到如果让这样的力量成为驱动我人生的主力，那么任何可怕的事情都会发生。就像目前这个混乱的世界一样，我们生孩子是为了教好孩子让他们把美丽的人生发扬下去，不是为了把他们转移到安全的地方躲起来。

检点自己的人生是很不容易的一件事，为了孩子，必须要检点，大部分人在折腾的过程中似乎已经忘了这么折腾到底是为了什么？夜深人静回头看看和问问身后的那个自己，她居然回答：我要的是安稳。

你要的确实是安稳？

确实！

就是目前这样的安稳？

十几年前我就是要这样的安稳。

现在做到了，就停滞不前了吗？

我也不知道。

目前的自己和从前的自己对话就这样结束了。瓶颈出现了。新的可以思考的问题也出现了，未来的人生应当是什么走向呢？

那天又看到一句话很能提供借鉴：一切艺术的形式都应当是整齐中寓于变化。混乱的无序的生活是不值得过的。变化就要看天分、努力和造化了。

呓语

今天整理衣柜，乱七八糟，疏于整理，刚打开柜子的刹那，我就后悔了。可是已经打开了，就要着手整理，我是这样的人。

一上午除了我的衣柜还有圈圈的的衣柜，因为有打扫卫生的阿姨在，随便闲聊几句，收拾衣物的工作显得不那么乏味和令人头疼。

打扫卫生的阿姨从中国东北来到新加坡，和女儿一起过。她仿佛很理解生活是怎么一回事，面对着常常耷拉着脑袋，要不一动不动盯着电脑如同掉了一坨鸟粪的大雕塑，要不忙里忙外跟打了鸡血一样的我说：扔了旧的新的才能进来。　看看，人人皆圣贤。

我很担心的是我剩下的人生究竟要花多少时间情理这些旧东西？

最近我的一个朋友在闹离婚。

她只是难受，但是一点都没哭。　是不是到了我们这样的年纪，想要流点眼泪，只能看看电视，看看电影，找点媒介物？自己的心都变成大染缸了，到底为哪件事情值当得掉泪呢？相当疑惑。

作为一个独立的职业女性，SOLUTION 远远重要过

FEEL，所以你看看我们这帮女人吧，想要按着自己的心意生活，可是常常又心有不甘，问男人：凭什么你就任由我按自己的心意活着？想想多幸福啊，明显是撒泼的问题，他还能耐着性子听着，这就是幸福，不是毒奶粉、地沟油、防腐剂。

　　我不劝人离婚也不劝人不离婚，其实离不离婚，局中人心里早就有了结论。之所以还是纠结僵持，大部分因为条件还没谈妥。难道是怀着无限的爱意谈离婚吗？两个孩子，你一个我一个，每逢二、四、六交换，两个房子，你一间，我一间，每逢一、三、五交换，两对父母，你的来我家，我的去你家，电视剧里总是这么不负责任地胡编滥造，居心叵测。抱持着"宁拆十座庙，不拆一对婚"的想法的，那是长老和月老，一个死了叫涅槃，另一个本来就活在天上，没有一个归宿是火葬场。

　　我对我的朋友说，今晚去一个晚宴吧，穿漂亮点。

　　最近最大的新闻是乔布斯辞去了苹果总裁一职，里德大学肄业生，一生鼓吹倾听自己内心的声音：STAY HUNGRY,STAY FOOLISH！总有一些智力和毅力超群的人就像大流明的手电一样能照到河对岸去。不谈渺小还是伟大，没有这么比的，我只能说：哇，还有人这么活着，这个世界格局真大，真值得留恋。没说非得照着乔布斯这样的款去再造自己和他人。距离远近难度大小地域差别且不说，难道连癌症也一起跟风吗？ 敬佩的深爱的感叹的就是敬佩的深爱的感叹的，别切割自己就为了把自己放进标签为敬佩感叹和深爱小镜框。

上班上班，头疼头疼，如果我倾听内心的声音，我明天就在家呆着，在家呆着呢，又惶惶不可终日，只要一踏进办公室，除了心烦意乱外，还有同样数量的欢声笑语。如果放弃，放弃的不是一份工作，还是一种苦心经营了多年的生活。

几番谈话

　　星期天跟大学同窗吃饭。一见之下，异常倾心。谈天谈地，谈孩子。就是不谈工作。惺惺惜别，互相嘱咐：穿衣服别管年龄，买衣服少看价钱，对孩子一心一意，揪住青春的尾巴不遗余力。"下次我跟你讲讲肉毒杆菌的作用和效果。"她一甩长发风情万种走掉了。　我扯着脖子喊她："你妈知道你打肉毒杆菌吗？""唠叨！"

　　晚上情绪还是低迷，这是上班前综合症，只要一上班我就又是一条龙，可是现在我就想当一条虫。我在网上堵截住我的另一个冉冉升起的偶像，另一个大学同学老华，她曾经以"万花丛中过，片叶不沾身"，一句话就拎清我内心的阴霾，从此树立了高大的形象在我心中。

　　"我的心好烦烦。给我来句有哲理的。"

　　"又怎么了？"

　　"烦嘛。"

　　"你欠揍！"

　　"知己！"

　　其实我挺同意的。我天天经过我家附近的繁华街道，花花世界歌舞升平，歌舞是盲眼的歌手和断腿的艺人营造的，他们需要我的同情吗？我宁可相信他们有所寄托欣欣向荣地活着。因为在他们任何一个的脸上我都没看出卑微，他们唯有微笑而专注地演奏和歌唱。换了是我，脸上表情一定是怄怩万状，令观众不忍卒读，遑论以此谋生。我想这大概是我欠揍的原因。

学车的时候，师傅除了骂我反应慢，偶尔也跟我谈谈人生。某一天经过一个路口，可过可不过，适逢一个少男一个少女拉着手穿过马路，就是武侠小说中那种大侠的境界，人潮汹涌竟在身边一尺之内近不得人。我停下等他们过去。"年轻人是这样的，hoh?"师傅尾音挑得高高。"也就这几年的轻松。"我等着两个被落日描金的少年孔雀过街一样踱过马路。"好彩我先年轻过，你后年轻过。"师傅说。"可是他们还没老过呢。"我赶紧接上。

最后我再不忍心叨扰我那个敢于说实话的朋友华华，也是担心她继续给我下猛药治好了一种病又招出别的疑难杂症。我只好意犹未尽地将矛头转向私人专属沙包，我家孩子原装并永远的父亲。

"老虎，我要跟你商量件事儿。"

"又怎么了。"和老华口气一样。

"我的钱是用来挽留青春的，你的钱是用来养孩子养家的！"尽管用 message，隔着冷冰冰的电脑，我在提出金钱要求时还是满脸通红。

"好。"

　　我酝酿良久并即将出炉的一场单方面辩论还没开始就挂了。长期以来我就是这样看起来一触即发，而不过是个气泡。可是这不能由华华告诉我，我得自己消化。发乎情，我还不能止乎礼仪，于是咽下想说的话，换上舞鞋，把地板捣得咚咚响，幻想自己是《十面埋伏》里那个盲眼特异功能的舞者。不让人说话了都，这个世界！

心

事

To my dearest girl, 圈圈

亲爱的小妞：

你很快就要 5 岁了。在那个对你和对我都很特殊的日子到来之前，我想我的确应该为你正式地写点什么。于是我播放音乐，音乐环绕在周围时，为你写下给你的第一封信。

过去的一个月，妈妈诸事不顺，首先把电话落在出租车上。一个新的电话，sansung galaxyiii，爸爸送给妈妈的礼物，五天之内就离开了妈妈身边。紧接着，倒水时开水倒在自己的手上，留下一个"巨大"的疤痕；又紧接着，就感冒咳嗽，一夜一夜无法入睡。妈妈的同事偶然提及：现在是 7 月，鬼月，要不你去拜一拜。妈妈可以说是冷笑一声：如果这些事情真的跟鬼神有关，我为什么还要拜他们呢？他们对我这么坏，还要我拜他们？没道理。

去学校接你的时候，老师跟妈妈说：圈圈脾气真倔啊！的确，你简直就是另外一个妈妈。为此，妈妈的确很担心。在你身上，妈妈看到自己个性的很多特质：轻信，容易动感情，不善表达，内心丰富，倔强。也因此，妈妈更加爱你。

你常常趁妈妈睡觉时发泄一样把房间弄得像被洗劫过一样乱。可是在不忙的礼拜六清晨，你在妈妈耳边说：妈妈，我数一、二、三，你就起床好不好？然后为妈妈做好"早饭"，也许是一片饼干加一个生马铃薯，完全取决于你在冰箱看到什么；你常常在放学后没有缘故地发一通脾气，可是你也常常拿起妈妈被烫伤的左手，亲一下，问：不疼了吧？小脸上的疼惜常常让妈妈怦然心动。你常常跟妈妈抢 ipad，可是总是主动地拿进妈妈房间：妈妈，看完两集了，还给你吧。你常常跟像老座钟一样的爷爷撒娇耍赖，可是每天吃饭时你都大喊"爷爷吃饭"，在周末的晚上从妈妈手中接过零用钱举着小手一边喊爷爷爷爷，一边送进爷爷手中。你正在长大，我们爱你，你也爱我们。

妈妈早就决定不跟你说教，因为你的生命你的生活其实最终都在你自己的手里。爱学习，正直，讲信用，能独处，能融入人群，这些完全不是说教能够得到的品质。你长大的过程中会遇到数量众多不正直的事情，不讲信用的人，浮夸虚荣的环境，喧嚣浮躁的心境，很多很多，那是你人生中必然会遇到状况。甚至你有时候置身其中完全分不清楚你和别人的区别到底是什么。但是那又怎么样呢？如果你就是你，射手座小胖丫头。从小妈妈就把你当成流水一样的小姑娘，妈妈迄今为止只为两件事情祈祷过：一是自己别变胖；二就是你获得流水一样的性格。自如地独处，自如地汇入更大的河流，有力量冲过峡谷和礁石，而内心永远明白自己心里最想做的是一道清澈的流水。

　　圈圈，你真的是妈妈的锚。要是没有你，妈妈的生活的确像一条破船，到这个阶段，或者大修或者彻底停航，因为妈妈实在找不到一个理由值得奋不顾身地往前冲。因为你，妈妈可以在你睡着之后，凌晨继续写作和工作；因为你，妈妈可以病着并工作着，真的没有觉得多辛苦；因为你，妈妈重新观察自己和爸爸，剔除不必要的枝蔓，努力将进行到一半的生命赋予全新的意义，好好将生活进行下去。成长对你来说不费吹灰之力，对妈妈和爸爸来说，九牛二虎之力。

你就要五岁了，妈妈的宝贝，只有对你，妈妈才能如此直率地爱，不求回报。

　　你就要五岁了，妈妈的宝贝，只有爱你，妈妈才觉得工作其实是一件很快乐的事。

　　你就要五岁了，妈妈的宝贝，只有想起你最终长大高飞，妈妈才会像年轻时一样泪如雨下。

　　你就要五岁了，妈妈的宝贝，愿幸福与快乐与你常相伴随。

妈妈

2012 年 9 月 23 日

不可复制的老虎

特别杰出的文学作品，也就是最能打动人的那种，在情感上一清如水。不管多深沉的，也是一清如水。

父亲节的时候，我也没什么可以送给我们家老虎，因为他的一切一切都已经自己料理得很好。他一如十几年前一样，剃个小平头，一笑眼睛一眯，以前酒窝深点，现在酒窝浅点，但在衣服完整覆盖时身材依然尚好。走路时跟年轻时一样，哗哗的，风生水起，小有蹦跳。

他对我妈妈真好。手术的时候，我在新加坡回不来，听我哥哥说他七点就赶到医院。要知道，我北京的家在遥远的郊区，地铁的尽头，我们没事时常常是把车停在地铁停车场，然后横贯北京从头至尾地 enjoy 北京无论长短到哪儿都两块的平价地铁。这么长的路，开车都得一个小时。他又是个特别爱干净的人，早晨出门洒扫沐浴一件都不能少。

"您得几点就得起啊？头发一根儿一根儿洗，一根儿一根儿擦？"我挤兑他。

"滚！"他骂我。

爱情这东西，真的不在于柔情似水的言行举止，在于互相粗暴对待时，心里柔情似水，矛盾的统一。

官方地说，老虎是个很勤俭的人。自从他开始他那伟大的充满男性豪情的事业之后，他老人家的着装与一切就都户外化，年轻化，低调奢华化了。他常常一边按照我的指示给我和圈儿咪咪买花裙子，一边抱怨：瞎花钱，你买的这都是什么你买的这都是什么，明年就没法穿了，什么呀？但是等圈儿咪穿上，他往往两眼一眯，脸上一深一浅俩酒窝：哎呀，真好看！要是我穿上，他也会把他以前反对的话忘得一干二净，语言中甚至流露一丝柔情：嗯，挺好的。只有对圈圈他愿意动用一下他那本来就不丰富的词汇，搜刮出一两个比较极端的词语，"真好看"这个词在他那儿已经是最高级，最强烈的赞美。轮到我降一级：还可以，挺好的，轮番使用，绝无变化。受不了的时候就"唉呀妈呀"。这就是老虎所有表达感情的词汇，从强烈赞美到强烈贬低，一共四个。所以我认为他一清如水。我这么感情丰富的人，赶上一个这么简洁的人，矛盾地统一，十五年弹指一挥间。

老虎是个心思很缜密的人，妈妈看中医那天，我们家车不对号不能进城，他想办法换了一辆对号的车，我以为按照他北京老爷们儿的虚荣性格，他务必要换一辆能粉饰他审美追求的车，六缸的，烧油不眨眼的，随时能救援的。远远的，我看见一辆娇滴滴的轿车扭扭捏捏开过来，娇滴滴地停下，老虎腾一下从车里钻出来，那愣头愣脑的样子，笑得我差点蹲在地上，我狠狠咬住下嘴唇，一声不吭钻进车里。为了我妈妈上下车方便，他牺牲了他老爷们儿的派头，我一定忍住，千万不能笑。但是实在太可笑啦。

老虎这几年慢慢具备了他从前完全没有的平静，我也是，在共同经历了圈圈到来，经历了我照顾爷爷和圈圈，让他放手工作，经历了我妈妈生病他毫无保留地提供直接援助，包括找医院，找医生，住院、出院、复诊等一系列的折腾，让我们互相更明确了彼此是什么样的人。他是我渐渐擦亮的镜子，我也是他的，我们面对面互相看到的就是各自的原样。渐渐成为明白人。所以我特别笃定地相信：圈儿咪会成为一个负责任有出息的好孩子。因为老虎和我都为她做出了榜样。

父亲节之际，谨以此文送给我的老战友，胡老虎。感谢生活的安排，让我们共度难关，共同成长，收获幸福。

四十之惑

书上说：有感觉的时候写，没感觉的时候更得写。现在我就在"更"。我奋力敲打着键盘，字的形体如同一缕烟雾袅袅升起胡缠乱绕，然后就归于虚无。可是如果我不做这件事，如何度过漫长的时光？以上的几行中好几次敲打出"圈圈"，然后删掉。这跟"圈圈"有什么关系？这却让我从现象到本质拆穿我自己：我正在往标本的那个方向走。标本，都知道吧？就是那种看似栩栩如生，常用于示范却已经死掉的生物。我差不多就是那样，举手投足之间，好妈妈的形象力透纸背，入木三分，简直不用呼，恨不得就跑出来跳舞了。这是怎么了？

这是自我意识又在作怪。

可是圈圈真的是件小棉袄。她常常无缘无故爆发出声震屋宇的大笑，爱唱歌爱画画，爱玩坦克模型，不怎么爱打扮。有时候一时兴起，她志得意满踱到我面前向我展示她的独特品味，一件大花裙子，脖子上系一条大毛巾，非常注重营造陌生感并能够引起反复解读的欲望。你不热吗？我问。我就要这样出去！她坚持。那你这样出去吧。然后她雄赳赳气昂昂指挥着爷爷出门了，左手风筝，右手皮球，脖子上挂着水瓶。不久汗如雨下，额前的头发都贴在脸上，落汤鸡一样回来了：妈妈，快点给我脱了吧，热死我了。我一边笑一边给她卸下辎重。她最得意我的一点是：只要我跟老虎发生任何龃龉，她绝对不假思索坚定地站在我这一边：你让妈妈休息一会儿怎么啦？啊？你怎么能这么对妈妈呢？妈妈多累啊！一边说一边还照着我的脸亲一阵。有时候也爬到跟我同高的地方摸摸我的头发。那种感觉真神奇啊。想象一下，一个人看着自己的日常的一举一动，那种奇特的感受。 你无论是躺着，坐着，吃着，另外一个迷你的小人儿做着你曾经做过事，说着你常常说的话，有时候她突然安静了走到你怀里呆一会儿，互相看着彼此，眼睛里分不清究竟是谁的影子。此时此刻，我也不想着团聚，我也不想着分离，我就是和自己在一起而已。

所以我总是云山雾罩地生活着。非如此，无法面对生活中那么多的分离与相遇。

那晚带着圈圈选择了一条白天都很少人走的路离开工作的地方，因为楼上人声喧腾，不同温度的感情交织在一起，我一不小心就会像一只昆虫一样粘在这张情感的网上。我是惧怕的。那几张或者很多张年轻的脸，我们曾经朝夕相处，我和我自己的青春久别重逢，而转瞬之间，就是分离。我一如既往关闭自己，幸亏圈圈在身边。终于挨到可以离开，我带着圈圈上楼梯，身后传来一个声音：谢谢你呗，老师。她矜持地站在楼梯口，和我隔着五个台阶。嗯。我答。抱一个呗。决堤的一刻就这样来临了，假如生活这么安排，那就这样吧。反正决堤的时刻只在于时间的早晚，也不会以我自己的意志为转移。然而这一切必须倾诉，就像《活着》中福贵对年轻人倾诉就可以一次次扭转时间滚滚前行的车轮，一次次重度与亲人的美好时光一样。我对自己倾诉，是想要让时间封存这段美好时光。变成标本吧，栩栩如生地死去吧。

我的起点和终点都已经明了。正如《哈姆莱特》中掘墓人所唱：

谁料时间踏着碎步，

悄然来到面前，将我攥在手里，

带往这泥土里，一命归西，

好似这世上，原就不曾有我。

总有一天，我会被踏着碎步的时间抓住，然后它继续向前，我归于泥土。凡走过的，也不必留下痕迹。我终将变成尘土的颗粒，总有一个时刻与一阵风，一阵雨，一场飞雪重逢，那时的重逢与分离又是怎样一番情景？又会被谁看在眼里，记在心里？

夜深沉

　　顺应四季变化，关注健康养生。现在我还没睡。

　　两个礼拜在北京走马灯一样的生活昙花一现。好好与岁月告别，是个梦想甚至妄想。

　　那天我坐在候机大厅，向外观望，巨大的玻璃上面居然蜘蛛一样吊着一排人。定睛一看，原来是清洗玻璃的人，看着他们就象看着自己的梦一样。圈圈大声喊道：妈妈你看，消防员！消防员是她目前的职业理想。他们吊在玻璃上忽上忽下，忽左忽右，我只是远远观望，内心疲惫得除了微信什么都懒得看，连微博都嫌长。我什么都不愿意想，我已经竭尽全力。所以我只剩下空白。

　　那天跑很远的路送妈妈去看中医，我那暮鼓晨钟一样的哥哥找的大招牌。 看完病扶妈妈下台阶，她甩开我的手，坚定地表达：不用。 她不是对我有意见，她是习惯性地与生活抗争，老而弥坚。 从我记事起，从未见过她老人家掉眼泪。按理说，女人的柔情都在眼泪中辉映，可是咱妈没有，你气得跳起来，她按照当时情绪有可能笑得趴在地上。反之亦然。现在我看见她就想起《背影》"家中琐屑，往往触她之怒，待我也大不如前。" 我家根本没琐屑，这才是最头疼的，所以妈妈一直头疼着，疼出病了。 我被拒绝后，只好亦步亦趋跟在她身后，下了台阶之后站定等着老虎开车过来，一阵风忽然掀起我的头发，毛巾被一样盖住我的脸。觉得有人轻轻拨开我的头发，然后妈妈说：我很知足，我一点都没骗你。 没有你，我怎么办？我觉得天旋地转，奋力把即将夺眶而出的眼泪生生压回去。再酷的人在真情面前也不堪一击。 我妈妈这是要放弃跟生活较劲了吗？我还是那样，心里举棋不定很认真地想着要是我当街抱住妈妈，泪如雨下，那泪如雨下之后呢？

那天之后又回医院拆线，拆完之后，我像抱圈圈一样张开双手把她抱起来，给她穿好鞋，心里这才渐渐平静下来，明白了今后应当怎么相处。大哭已经是我完全不能原谅的方式，我要的方式是能够心无芥蒂地抱起她，像小时候一样抚摸她的脸和眼睛，就像对圈圈一样。 还好，我做到了，感谢老天， 我将不会变成一个满身都是雷区的人，自己碰下自己都不安全的那种人。

我走的时候，妈妈站在阳台上跟我招招手。自从爸爸去世后，她送我的方式就变成足不出户了。 送别是件很伤心的事，我也一样，只要能不送我一定躲过去。非要送的话，我先给自己来针麻药，大剂量的。最好一针下去可以把与此人有关的所有记忆全数删除。

最近也不是一件好事儿没有。最好的消息就是：爷爷体检结果出来，形势一片大好。去年不舒服的地方，今年全部舒服了！我高兴啊，看过《我的团长我的团》吗？里面的老军医，无论中枪了还是蚊子咬了，治疗方法就一个：地上拔一把草，嘴巴里面嚼一嚼，吐在掌心捂住伤口，连声说：就好了就好了。大兵们爱他爱得毫无理由。我现在理解了，他是他们的年长的亲人，尽管不会治病。

留住都给我留住，别走一个都不能走。我趴地上给你当马骑。只要都给我留住。

因此，我无比平静踏实地回到新加坡继续从前的生活。今天需要完成的事情，不能拖到明天，不管累成什么样。我当牛做马，好几个人爱我爱得死心塌地。一生何求！

赶紧组织大家照张霸道的全家福。

为人父母

最大的幸福，为人父母。

我不为圈圈做记录已经很久了。却常常惊诧于她的成长。刚刚搬进来的时候，她刚刚好头顶在电梯栏杆下面，像一件环保的纸箱一样，严丝合缝嵌入电梯扶栏。而现在，我的天，她的肩膀都超过栏杆一个手掌了。 带她出门的时候，她还像小时候一样无辜地抬起头看着我，伸出双手，我心照不宣地抱起她，觉得重了好多，但是她的小胖脸一贴在我脸上，我就把她太重了这件事忘记了。 直到有一天，一个阿姨远远惊呼：天啦，这么大还抱？我低头一看，她的脚丫子都快踢到我的膝盖了。 我还是抱着她继续走了一会儿，这是母女之间的情分，她再也不让我抱的时间指日可待。 没孩子的时候，我和老虎常常嘲笑那些孩子都好几岁了还抱在怀里的父母，现在至少是我有过之而无不及。所以，千万别随意评价自己没有过得经历。

她真的长大了。 我迟早会像一片树叶一样飘零，而从前我从不觉得一片树叶有什么作用。现在明白了了解了，却打死都不愿意直面惨淡人生了，谁爱直面谁直面，我拼了老命让爷爷开心快乐，他现在就是小说里画在墙上的那片叶子，已经是个象征，发黄不完整都不要紧，就是别落下来。

为了将我积攒了很久的抑郁悲怀发泄出去，我去上了一个戏剧课。每天早晨上课之前，我不知道为什么开始涂口红，我是从三十九岁半的时候才开始涂口红，圈圈很不习惯。有一天出门的时候，我跟她道别，她在晨光的辉映下对我笑笑，亮闪闪的小人儿问：妈妈，你涂口红啦？嗯，怎么呢？她继续笑笑的，也不出声。是不是太红了？我问。她温柔地看着我，声音拉得长长却压得低低：是，妈妈。然后我转身去卫生间擦掉一部分。那天下午，我被选中演一个长期压抑的家庭主妇，女儿怀孕了却不敢告诉一家之主爸爸，之前演妈妈的那个人演一个惊惶失措的妈妈。我想反正是演戏，发泄一下吧。于是我端着餐后水果，把盘子狠狠砸在桌子上，演父亲的同学惊了，半天不知道该怎么应对，愣愣地看着我。然后我对他，我在戏中的丈夫说：你女儿怀孕了，在她十七岁的时候！表演之后的讨论，同学们都责备我的角色，以这样的方式直言相告只能让问题更糟糕。还有的同学说一个东方女性怎么可以当着家庭成员的面摔盘子。只是导师说：与其在恐惧中惶惶不可终日，陷入彻底病态，不如把情绪导引出来。真是知音啊。同学们对我刮目相看，因为之前的几天，他们一直批评我为什么总是一副世界充满爱的欠揍样子。就算我对生活不满，我也不能天天挂在脸上吧。由此我发现，大部分人还是坚定地相信自己看到的，尽管大家心里都明白看到的不一定是真的。比如，我会如此凶悍这件事。

那几天同事送我一大块黑巧克力。每天放学回家，我都靠在冰箱上掰一块吃。看着斜阳从窗口一点点漂移，心里想着朱自清的《匆匆》。我的日子就这么溜走了，打开冰箱从冰箱缝里溜走了，吃巧克力时从蛀牙的缝隙溜走了，依靠在冰箱上看斜阳时，从近视眼追随阳光的挣扎中溜走了，而我呢，我在时光的漩涡中。圈圈走到身边，光着小脚丫，啪啪啪的拍打在地上，像走在雨水里，她抬头看着我：妈妈，你在吃什么？我把手里的巧克力放在她嘴边。以往不管什么她张嘴接住然后就去看书画画折腾，而现在，她向后退一步，看着巧克力，脸上现出挣扎的表情，看似想吃，却转身走开了：我还是少吃一口吧，会变胖。可笑的小妞。她是纯粹的"天然呆"，中秋节老师给她安排的工作据说是"台柱子"舞蹈员。结果她毫不声张，过分低调，我也因为陷入工作漩涡就没送她上学。结果晚上老师就短信：我的台柱子呢，我的台被拆啦！等我问她的时候，她拉着我的手，脑袋一下子耷拉下来，脑门抵在我肚子上：妈妈我忘了。难怪老师说她人之初，性本"憨"。

正是因为她我才死死地扼住我那生来就悲观的心态，然后不断和自己对话，反思，实践，再对话，再反思，再实践，渐渐变成一个心智比较成熟的人。尽管我心里对很多事依然不以为然，但是我努力地严肃对待我不以为然的一切。不跟现实对抗，我就是现实的一部分，对抗现实就是对抗我自己。对抗我自己就是为难孩子。

胡老虎还是那个德行，听个相声笑得眼泪哗哗的。有时我怀念他的瓜子脸，那已经一去不复返了。

为什么要即时行乐

如题，为什么要即时行乐？因为快乐简直就是转瞬即逝。比抓住青春难多了。青春还可以通过去韩国大修拖延时日，而快乐依靠什么都 HOLD 不住。

在 facebook 上面看到我和几个同事的合影，开怀极了，笑得见牙不见眼。我会非常怀念这样的时刻。毕竟在整个人生路途中，只有圈圈这个年纪的孩子才会每天没心没肺的开怀大笑。

脑袋很晕。很多人很多场景这几天电光火石一样在脑袋里面旋转放大然后变小消失，可是我还是不想把这一切都串联起来。零乱着吧，乱到最后，我将找个纸盒子，统统扔进去，放进垃圾桶。说话总是慢悠悠的蔡康永告诉都市人："我沿路，得到七个微笑，三个白眼，我就用七成的力气回应微笑，三成的力气回应白眼；我吃到的食物，七次好吃，三次难吃，我就用七成的味觉享受美味，三成的味觉忍受苦涩。我无意放大世界的善恶，只是依照比例，实地接收有晴有雨的天气。世界与我，互相而已。" 此人很平静。达利有一幅画叫做《时间》？画面就是一副散开的蛋黄一样扭曲的钟，还有毕加索，三角形的人脸，失衡的眼睛，令人震撼的视觉冲击，至今我见到这样的作品依然惊叹艺术家的创造力，但是不再有情感上的波澜。根据美学家朱光潜的理论，我这是进入了审美的更高一个层次：保持审美距离，脱离感官刺激。可是问题是，每当我看见漂亮的人和物，还是忍不住心旌动摇，内心呐喊：爽！所以可以确定的是：将近 40 岁了，也许我升华了，但那不代表我变成另外一个人。升华的那部分仅仅是平静地对待自己，与自己和环境和平相处。

蓦然回首，那是我两年前给自己设置的高度，居然蹦过去了，嘿嘿嘿。

最近我开始饥渴地找书看，我自觉地发现了，如果不看书，我就陷入绝望，如果不和新鲜的思想沟通，我就会从心里面开始腐烂。如此一来，我将与快乐绝缘。

最近一次见到妈妈，被她的老吓了一跳。不仅仅是脸的变化，而是性情上，她渐渐变得多疑，没有安全感，心里的很多柔情都完全隐藏在内心深处。在家的那几天，某天早晨一睁眼，她默默地坐在床边看着我和小丫头。脸上挂着腼腆的微笑。她常常会抱怨：不该让你走得太远。可是我喜欢我的人生，尽管十多年常常孤独徘徊，日日马不停蹄，偶尔快乐开怀。然而一次的开怀就可以支持我那用力用心生活很久。比如小丫头放学的时候跟我聊天：妈妈今天我冲凉换了衣服之后，老师叫我斑点狗。我一看她

　　　　　为什么要即时行乐

点点的裙子和小圈圈的发箍，还真形象，噗哧就乐了。她看到我笑了连忙问：妈妈你笑什么呢？一边问一边自己笑得蹲在地上。

作为一个已经有能力和自己还有周遭和平相处的人，这样的快乐开怀怎么能让它那么快就溜走？于是我对小丫头说：多笑一会儿，别着急站起来。

桃花小劫

最近心里返潮，特别有"我欲乘风归去"的想法，我一点儿都不觉得高的地方寒冷，给我个梯子让我上去吧。人们说，梯子太好找了，可是上天不用梯子，得自己折腾出俩小翅膀来，这不是难为我吗？

已经对天天人模狗样去上班的日子无语了。不要以为无语是厌恶，不是的，是一种胶着的情感，欲罢不能。看着每件事都心烦，可是没有了这些麻烦，我也可以瞑目了。

说说让我高兴的事情吧。其实一个老牌的女人，高兴的事情无非就是还保有减退速度相对缓慢的女性魅力。最近桃花小运气嗖嗖地在我身边飞舞，不写出来破不了这个桃花，影响我和圈圈的亲子关系，那可不行。至于圈圈的爸爸，江湖人称"麻木一只虎"的，他觉得女人这些思虑无非就是蒸鱼上撒的那点点葱丝或者辣椒丝，装饰大于内容，还要劳神费力从盘子里挑出去，纯属闲的。

那可能我就是闲的吧。

我，最近，总是在相同的时间，相同的地点，遇到相同的小伙子希望跟我进行破冰对话。小伙子长得还行，算精神的。不是我不想跟人家说话，主要是我一想到我这么一大把年纪了还要处心积虑地应酬一个有代沟的，风险大于收益的，不利于安定团结的，以荷尔蒙分泌旺盛为骄傲和资本的年轻人，我就什么情绪都没有了。于是我一不做二不休，主动跟小朋友说：i am an auntie. 新加坡阿姨特指"青春梦已老"的那一群妇女，就是大妈的意思。我不惮于自称 auntie，没啥可掩盖的，用王朔的话来说，谁没年轻过啊，可是你还没老过呢！他明显有情绪，我不，因为我从来没辉煌过，年轻人给我造成的那种压迫感和危机感从来没在我生活中形成过哪怕是一小股势力。"麻木一只虎"曾经告诫我：敌人的糖衣炮弹打过来了，你应该怎么办？你应该把糖衣吃了，把炮弹再打回去。此言差矣，首先敌人没事打我干什么？其次，我想吃糖，我自己买去，我干什么战战兢兢为了点甜头搞得自己不安逸？这次只能说，敌人喝高了，找错目标了，狡猾的敌人也有打盹儿的时候呀。

前天在办公室，出去转了个身，回来椅子上就安放了一盒巧克力。我压抑住内心的喜悦，四下张望了一番，但转念一想，是不是个陷阱？混迹职场多年，我没得到什么智慧，倒是聪明了不少，万一是个糖衣炮弹呢？敌人在暗处，我在明处，"我必须察言观色将他访"。于是一早晨都保持高度警觉，给各位平时关系不错的同事发短信打探消息，竟然没有一个承认。在工作中出现这种情况可不是好现象，你以为鲜花就是鲜花，掌声就是掌声吗？错！玫瑰都有刺，让你下台可以喝倒彩，脑海里真是幻想如烟花般灿烂。真是越想越讨厌我自己啊！于是我跟一个知心大哥 confess 了一下：我觉得我正在变成我从前非常厌恶的一种人。以前我对于好意照单全收，并且相信都是发自内心的。现在，我首先想隐藏在好意之后的企图。大哥忙问：何出此言？我偷偷摸摸拿出来源不明的巧克力：你知道这是哪儿来的吗？大哥的光头（非秃顶，此大哥过人之处就在于该出手时就出手地解决中年男人的尴尬：不是该长头发的地方都不长吗？那干脆夷为平地，全秃是个性。）一歪，电光火石一闪，然后神秘地告诫：我看你还是交给行政部门，不是刚刚说不能接受任何形式的礼物，更何况匿名的？别不舍得，万一是神经质怪叔叔给的呢？

而我觉得我现在离神经质怪阿姨也不远了。

这就是我为什么最近很想乘风归去的原因，我是个追求简单快乐的人，却不幸地发现，连我自己都开始质疑简单的快乐了。好彩要过年了，全家老小出门清净几天，回来之后我又是生龙活虎一个简单美丽的阿姨。

职业妇女的某个周末

某天下午在办公室频频眩晕，于是我就咬咬牙去健身房了，我穿了一条白色的网球裙。关于白色的网球裙，我要简单介绍一下：尺度不小，得知胖圈儿悄然在我肚子里落户的时候，我怀着复杂的心情把白色网球裙珍藏在一个我什么时候想拿出来看就能拿出来看的地方。在将近两年的时间里，此网球裙见证了我衣柜中的一切变迁，乱哄哄你方唱罢我登场，世事沧桑，谁主沉浮？但是就在昨天，我们不期而遇，我毅然穿上了它！

在健身房我挥汗如雨地狂奔了 35 分钟，带着成功的雀跃，跌跌撞撞地走回办公室。然后我只换了上衣，依然穿着我的白色网球短裙，又整理了一下头发，振作了一下精神，款款地走出办公室。 因为路上有遭遇同事的危险，我带着多一事不如少一事的心情，尽量沿着墙根儿，左顾右盼，迂回前进。同时手机抓在手里，准备随时随地作出打电话的样子。就在这时，精彩的瞬间从天而降！远远的我的老板和一个同事在午后绚丽的阳光下浮出地平线，我躲也没处躲，藏也没处藏，却要想方设法躲开。于是我就在大太阳底下，几棵树的掩护下，走走停停，探头探脑，若隐若现……在距离他们大概五米的地方，我的老板犀利地眼光向我的方向扫过来，他出人意料地热情洋溢地张开双手：啊，牡丹（我给自己取得代用名，取其富贵之意）。我讪笑着，不自觉地往下拉了拉我的裙子，呈麻花状地站立了一个瞬间，逃也似的离开这个是非之地。旋即我收到站在老板身边同事的短信：你害什么羞呢？！我不甘示弱地回复：我光彩照人，怕你自卑。

回到家，我挂在院子里的简易家常黑底黄花的小裙子干了，心里想着等一下把它收回来。然后进门喝水看电视四仰八叉躺着歇着。中间浑浑噩噩不知过了多久。然后我就去冰箱里找点东西吃，我拿着一个苹果回到房间，就在这时灵异事件发生了，我看见我的简易家常黑底黄花小裙子静静地慵懒地躺在沙发上。我大喜：我拥有了超自然的能力！我变得与众不同了！我只用意念就可以移动物体！我虽然没希望变成蜘蛛人，喷射万千蛛丝横空飞越，可是这心里想一想愿望就成真的本事也实在太酷了！明天让我继续试一试，太振奋人心了！

周末到来了，我的生活就错乱了。追看新版电视剧《神雕侠侣》，投入了极大的热情，买酒买肉，跟那些看足球的人一样打算撸起袖子大看一场！然后我就看，点灯熬油地连轴看！慢慢地我觉得眼睛要从眼眶里面掉出来了，渐渐地屏幕上的影像都变成一团团移动的烟雾，缓缓地我站起身来，觉得天旋地转，干脆就听天由命倒在床上不省人事了。

　　早晨起来口干舌燥，宿醉未消。坐起来发了会儿呆，想起了那几个烂香蕉：前几天买的忘了吃，昨天想吃的时候，发现已经黄中泛黑，拿在手里呈面条状。当时我灵机一动，想起我新近获得的超自然的能力，这不是一个绝好的功力精进的机会吗？于是我心里想了一下香蕉变成好香蕉的这件事，就把香蕉们放回原处。我认为那些嘴巴里面念念有词，又唱又跳的并口吐白沫的方法是很俗气有损斯文的，我认为我这样才是很酷的与神灵沟通的做法，平易近人，亲切友好。于是我说：老天爷啊，香蕉我放回去了，是朋友明儿给我变成好的啊！我就这样很江湖地跟老天爷沟通了一下香蕉的事情。

　　第二天日上三竿，我头有点疼，眼有点胀，胃有点绞痛，歪歪扭扭走到院子里，云淡风轻地把昨天的烂香蕉拿出来，打开一看，不出所料，还是烂香蕉！我就知道我的神功不会这么快炼成的！无他，惟手熟耳。于是我为烂香蕉找了个好归宿---垃圾桶。

京中坡上事

三城地铁

　　2013 年 1 月 13 日，上海地铁内，惊现许多人外国人全都不穿外裤只穿一条内裤，同时挤上同一班地铁，让身边市民无不目瞪口呆。据悉，"内裤地铁日"源于 2002 年纽约。11 年前 7 个人的恶搞已经演变成今天包括伦敦、巴黎、香港、上海在内全球 60 多个城市的年度性活动。每年的 1 月 13 日，人们脱去外裤淡定地搭乘地铁、火车或电车，鼓励大家"摒弃保守思想、尝试新东西、为生活增添乐趣"。

读完新闻，浏览新闻图片，到没有发现过于惊诧的表情。图片上有些年轻姑娘害羞地将头埋在同伴怀中，有些中年人耷拉着一张张老实巴交的脸，还有一些人表现出对这个莫名其妙的世界早已见怪不怪的漠然。心想北京真该把"包容"送给上海，而仅仅留下"厚德"以继续"载雾"。2011 年冬天在上海，常常搭乘上海的地铁在这座冬天屋里比屋外冷的城市里穿行。一切的设施都跟新加坡如此接近，包括洁净的程度。夜幕降临时，偶尔会有一手抱着孩子，一手乞讨的妇女，她后面往往跟着一位提着长方形两个喇叭的录音机的旅伴，为乞讨配上凄凉而洪亮的背景旋律，仿佛从上个世纪 80 年代穿越过来的。这旋律从车厢头一直逶迤到车厢尾，地铁到达某一站，旋律戛然而止，他们下车了。地铁门开关的刹那间，一阵轰鸣，他们就遁形于人群中。感觉就像一场纯粹为换场拖延时间的过场戏，无人在意。我仔细观察过，平均每一百个人能有一次施舍就算概率极高了。在每一个乘客面前，乞讨的妇女都要认真鞠躬三次，"行行好"三次，也就是说鞠躬三百次，"行行好"三百次，很有可能依然一无所获。这不禁让我怀疑起那些以单纯乞讨而发了横财的报道是不是真的。 我一直感到震惊的是："摒弃保守思想，尝试新东西，为生活增添乐趣" 在地铁上脱裤子这件事为什么能

　　　　　三城地铁

够和在地铁上重复乞讨真悲惨这件事，天壤之别的两件事，都容纳在拥挤的地铁车厢里。

北京的地铁在整洁程度上不可与新加坡相提并论。除了精神失常者敢于在地铁上公然宽衣解带之外，其他人可以脱一下试一试，因为至今媒体上尚未出现相关报道。北京的地铁有它独特的地方，比如地铁上卖唱的人。除了如在上海出现的那种乞讨之外，我见过专业卖唱的。人头攒动的朝阳门站，一个天籁般的声音从人群的缝隙中流溢出来，伴以忧伤的吉他声。北京地铁人群的表情大部分是劳累和麻木，尤其是冬天，像极了一块块浑浊的冰堆放在一起。 而这时，这样的声音突然出现，仔细观察人群的姿态，你会发现那些年轻的脸慢慢被打动，纷纷探头探脑，寻找声源：原来是一个很年轻的小伙子，脸和他的歌声一样，像音乐。但是不久，在几个人正要慷慨解囊的时分，他就像逃跑一样窜下车去了。

新加坡的地铁程序简单。比如，进入北京地铁之前，乘客需要安检，随身的背包需要放到大约一臂长的传输带上扫描是否有危险物品。 看守这台机器的少则两人，多则四五人。而新加坡就没有这样的程序，乘客不需要任何安全检查。新加坡的地铁里绝不会出现乞讨和卖唱的人，只有乘客或者会唱歌的乘客。在连接地铁站和巴士站的遮雨长廊上零星点缀着一两人。大部分是残疾人在售卖面巾纸。买的人抱着善意用一两元换几包面巾纸，但少有施舍之意，售卖的人也神色坦然说声谢谢。彼此都没有在北京地铁和上海地铁上目击人生百态那种复杂的情绪。是一种单纯的生活境界。只是近年来，售卖纸巾的残障人渐渐增多，也形成小范围的竞争。

Letter to Singapore

2013 年 9 月雅虎新加坡流传着一封名为"letter to Singapore"的长信。写信的人正值青春年少，以充满诗意的笔触描绘伦敦的种种："我爱她狭长幽暗的长巷，我爱她路边常驻全天不休的面包档，我爱她夜店里琴音急促首如飞蓬的演奏者，我爱她莱彻斯特广场酒吧中谱写诗行弹着吉他的姑娘，我爱她十字路口奔跑着为同性恋儿子拦住计程车的华人妈妈。。。。。。别了，新加坡，我要真理，我要美，我要自由，你让我觉得处处受牵制，我才刚刚二十岁，人生恰如一本刚刚打开的书，我不要做你棋盘上的一个棋子，任由你的摆布。我曾经爱过你，但是不能再爱。"

这封信跟帖多达 226 个，有的跟帖写得快跟信一样长。仔细地读跟帖，发现这里简直就是一个新加坡社会论坛：很多年轻人表示有共鸣，觉得他们从小就被灌输了"只能赢不能输"，为了生存不得不放弃想要的生活，竞争激烈压力巨大，生活就像股票排行板上急速跳动的数字；一些经历丰富的人回复时理智就大于情感，要是说起还房贷讨生活，其实伦敦和新加坡没有多大区别，没家庭没孩子肩上没担子当然可以唱牧歌啦；还有的回复捍卫新加坡的成就，"务实"、"前瞻性"、"高效"、"洁净"就是新加坡品格，这也要抱怨？回复中甚至可以看到人们讨论消费税、单身者购买组屋、服务业者的服务态度等等各个层面的问题。真是一石激起千层浪。

但是令人奇怪的是，匿名公开自由的网络讨论，数以百计的跟帖回复毫无污言秽语和人身攻击。众人都在讨论与切身利益相关的经验、感受和社会问题。不管这个年轻人与新加坡的忧伤告别"政治"正确与否，他至少作对一件事，为自己的话语设置了一个比较高的格调，这个格调从他使用的言语字句、修辞手法、语气口吻流露于字里行间。他从头到尾都在表达自己去意已决，陈述在新加坡的生活种种疲于奔命，种种物质主义，种种为了维持高竞争力而不得不保持的快车道速度，而这些都是现实存在引起共鸣的集体体验。各个年龄层的人都不约而同认真地倾听了这个人生刚刚展开的年轻人诉说他离开的理由，并且围绕这些理由展开和延续了讨论，创造了良好的谈话氛围和谈话秩序。共识总是在秩序建立之后达成的，而这个年轻人的确在建立讨论秩序方面做得很成功。 新加坡网民并非沉默的大多数也并非徒有激情的乌合之众，对问题有自己明确的见解并且可以流畅地陈述与表达。

中国的微博是观察中国民情生态的一个重要现场，汇聚了艺术家企业家商人明星贩夫走卒三教九流无所不包。

而一个名不见经传的博主往往无法引起这么专注与多层次的讨论，引起成千上万跟帖回复的大多是名人，而回复多是捧场跟随，这让我想起在梅兰芳传记中所读到的，梅老板的听众唱到哪里跟到哪里梅老板的听众唱到哪里跟到哪里，哪一板哪一眼需要叫好鼓掌都已经成为常规。至今已经将近百年过去，中国人还在以看戏的心态对待周围事物，选边站好，然后跟随，就是不思考或者漠不关心。除了跟随者外就是盲目激情者，香港"反国教"游行如火如荼的时候，微博上甚嚣尘上的言论居然是鼓吹发起这一游行的是一个年仅十五岁的学生云云，无非就是沉痛比较一下：看看人家香港，十五岁就能引起这么大动静，香港的教育真成功。于是跟随者们纷纷表态：真羡慕香港啊！我想问的是美国校园枪击案引起的动静更大，这也值得羡慕吗？黄仁宇曾经自述，他在三十九岁之后才改掉依附于别人思考的坏习惯，可见明辨是非，独立思考是多么珍贵的一种能力和智慧。

十四年的相遇

看题目，应当是要谈论离别。其实不是，是要谈论在新加坡十四年的生活中遇到的人。

说来可笑，我在北京的时间仅仅七年，无法忘怀的是大学时代那些神采飞扬的教授们，那些讲台上挥斥方遒的老师们，那些在校园里突然间停下自行车，站在一棵树下凝神思索的师长们，还有冬天里，树木萧索，呵气成霜，一个穿着中式棉袄显得圆滚滚甚是可爱的老人在校园里偶然相遇，被告知，校园那块大石头上"学高为师，身正为范"八个字就是他写的。还有一个异乡人在夜晚看到北京万家灯火时内心"乡关何处"的惆怅。

异乡变成家乡，家乡成为异乡，我猜想所有和我有着同样经历的人都感同身受。来到新加坡，文化不同，背景悬殊，异乡人的漂泊感贯穿始终，几经确认，才会最终领悟：生活在哪里哪里就是家乡。尘埃落定之后回头再看，曾经的家乡已然成为一种氛围，一种"落花无言，人淡如菊"的氛围，而现在生活的地方，华灯初上时，内心笃定地知道有一盏灯是自己家亮起的，终于接通了儿时的回忆，冬天放学后，最开心的事情就是在寒冷中跑着跑着，快到家门口，焦急地抬头寻找，要是家里的灯亮着，那种透彻的喜悦和踏实的感受是人生中最值得珍惜的回忆。

人在异乡最幸运的是遇到良师诤友，初到新加坡，遇到的 C 君就是其一。她低调却有豪情，思考深入缜密却能生动传达，做事先立架构，再推敲细节，然后全情投入，因此往往事半功倍。有一次我们活动后促膝长谈，那些年王菲如日中天，大家天天听王菲的歌。我说：王菲去香港那么多年，说话还是北京腔，真够倔强的。话音还没落，C 君就说：她是唱歌的，又不是香港电台播音员。共事六年，她最终离去，巧合的是几经辗转，居然去到香港大学继续深造。走之前，她交代部门的另一位同事 T 君：我走后，你每天给她一个苹果，继续鼓励她好好工作。胖墩墩的 T 君果然听话，从此每天我桌上都有一个或红或绿的苹果，直到我们各自都离开原来工作的地方。

新的工作环境一切皆为草创，百废待举。我的新上司是一位在业界享有盛名的人物。权且称为 S 君。走路快说话快但是时不时陷入沉思，常常敦促员工整理办公桌，务必井井有条，就算乱也要乱中有序；凡事既然做了，就要付出努力看到结果；尤其重承诺，既然答应就要尽全力履行；给每个人表现自己的机会。严格的管理之下，偶尔也会流露温情，他会对我们说：每个人都有自己的问题，给他们时间自己去解决。他让我想起古人辛弃疾，勇于登上历史的舞台，大有舍我其谁的气概。尽管在他麾下工作毫不轻松。

工作之余，我还结识了一位颇具使命感的人物。立志推行儒家学说，和"仁、义、礼、智、信"的传统价值观。他坚信当代众多社会问题的产生，人性的败坏要通过人性回归古典和整个社会提升涵养来消解。并且出钱出力全心全意地推动儒家的基本价值观在本地的实施。信心之坚决，落力之大手笔，令人深信不疑。

这就是我在新加坡遇到的四位令我印象深刻并且产生影响的土生土长的新加坡人。T 君的苹果让我体验到异乡的关怀，C 君的独立和现代感让我产生共鸣，S 君呼应了我大学时所受的人文熏陶，最后一位理想主义者出现在我的生活中，令人不禁深思，新加坡之所以在短短的四十多年成就卓著，的确是因为社会各个阶层都在努力为国家的"幸福、繁荣和进步"而各尽其力。

道德啊，道德！

中国广东省爆发了"小悦悦事件"，于是中国的道德问题再次被暴露在镁光灯下，里里外外前后左右照了一个遍，大家都看个过瘾。广东政府出手奇快，以立等可取的速度展开以立等可取的速度展开"谴责见死不救行为,倡导见义勇为精神"的全省大反思运动。可爱的小小的悦悦躺在病床上奄奄一息的时候，不知道外面的大人们已经因为她的事情以道德的名义闹翻天了。

要是我掌握着话语权，我一定跟这些喧嚣的人们大喝一声：都闭嘴！同情孩子的今后好好看住自己的宝贝；义愤填膺的把满脑门的虚火化为关爱他人的行动；说风凉话的出门就摔个狗啃泥。对这个世界人人都应当尽自己的一份力，哪怕是绵薄的一点点，别再把小悦悦事件当成发泄各种情绪的出口。

对广东政府的这一举措，我也有不同看法。道德是一个社会的核心价值观，比如美国的核心价值观都写在《独立宣言》里："人人生而平等，造物主赋予他们某些不可转让的权利，其中包括生命、自由和追求幸福的权利。"什么时候听说过把"生命""自由"和"追求幸福的权利"分开来追求的？新加坡的核心价值观是在平等和公正的基础上

"实现国家之幸福、繁荣与进步";从来没把"幸福"、"繁荣"和"进步"割裂开来谈;中国目前的核心价值观依然是"仁、义、礼、智、信",虽然最近不仁不义没理智的事情频频发生。但是事情发生了是不是召开一个万人大会,群情激愤地哭一场闹一场道德就提升了?单纯从核心道德中抽取出一个"见义勇为"大肆宣扬,那么下一次万一发生了恶性连锁诈骗案是不是再开个大会鼓吹一番"严厉打击诈骗行为,树立商业信誉"的全省大运动?这个阶段提升这种道德,下个阶段提升那种道德,总之一直在拿道德说事儿,最后发现道德还是千疮百孔,甚至每况愈下。

道德是一个社会赖以奠定的基石,"是一切意义的根源",分割开来谈有害无益。我都可以预见,在"见义勇为"的道德名义下人们很快就要讨论"到底应不应该搭救小悦悦,见义勇为的利与弊"这样的缺德问题了。

不要动不动就以道德之名,那是最低端的做法。广东政府现在该做的倒是好好勘测一下小悦悦出事时的那条道路,看看可不可以设立一些栏杆或者改成人行步道禁止这类悲剧发生。我的同事告诉我,牛车水一带的道路因为政府建设了好几条步行街,使得交通事故大大减少。我家楼下的提款机一到晚上就不能使用,因为在黑暗中根本看不见数字，没法键入密码，但是不久之后数字键盘上方就装了小灯。在我看来这才是一个社会一个政府有道德的体现。

　　最后我要向那位搭救的小悦悦的老人家陈贤妹致以深深的敬意。这次事件中捡垃圾的人最有道德。

日本艺术家的 TAO DRUM

　二零一二年八月十八日晚上八点，SANDS THEATRE，一场日本艺术家的击鼓表演，他们的团队称作 TAO DRUM.

　座无虚席，掌声雷动，全体起立。

　除了看电影和小说和戏剧之外，记忆中听《二泉映月》的时候眼泪曾经夺眶而出，这是我第二次仅仅因为声音就忍不住流下眼泪。

　奋力敲击，努力破茧，最后浑然忘我，人鼓合一的表演，我的脑海中只有一个词涌现：生命力。

　艺术的确是一种直达内心的途径，那种真诚的程度令每天在琐屑不可躲避的现实中几乎沉沦的人仿佛看见一束光。能够以艺术为生的人应该是这个世界上最幸福的一群人，尽管也有现实的障碍，可是在创作的时候真正是天人合一，完全脱离束缚。被艺术撩动心门的人在夜晚推开玻璃窗，目光依然会被环绕的钢筋水泥所阻挡，被都市愈夜愈璀璨的灯火所牵引，可是那时那刻因鼓声而潸然泪下，将定格于心中的某一处，麻木的视觉和听觉，混乱的作息和思绪，也许就依靠这偶然的几次完全因为艺术而引发的潸然泪下而得到安抚。这就是都市人的生活韵律。

TAO DRUM 的表演是现代的声光电的产物，但是他们却充满善意地将古典的手与现代的手挽在一起。两者在鼓声中因生命力这一主题而完全合二为一。在表现大地震之后重建家园这个主题时，全无悲凉哀戚，只是在演出背景之上类似烟雾的云团涌动不息，在观众眼中，可以是火山爆发时浓烟翻滚，可以是暴雨前黑云压城，还可以是海啸掀起滔天巨浪，更可以是生命的生生不息，与他们的鼓声天衣无缝。而紧随其后的就是琴瑟鼓的合鸣，背景转换为漫天飞舞的樱花，吹笛者裙袂飞舞，抚琴者神思飞扬，击鼓者令人凝神注目，艺术家与艺术与观众已然难舍难分。

金沙有新加坡著名的赌场，天下熙熙皆为利来，天下攘攘皆为利往的滚滚红尘之中，TAO DRUM 一场动人心弦的表演被安放于这样一个异样喧嚣的所在，颇有禅意。这里是针叶峰，这里也是相思岗，这里是隐者栖居的云房，这里也是物欲横流的拜金地。

回程的路上，高速路灯火璀璨，被亮晶晶的重峦叠嶂般的楼群所围绕，而楼群围绕形成的天井之上，几只缀满小灯的风筝在天上飞舞，令人不禁莞尔。这个意义纷繁的美丽城市。

孔子与软实力

　　最近偶然读到几则报道，报道上说孔子的形象已然哲学化为东方文明的图腾，同时必将化作经济崛起的隐形翅膀，即"软实力"，将大国崛起的深远影响延展到世界的舞台。这让我产生了很大的好奇心，于是我一时兴起，上网搜索了一下关于孔子作为崛起之中国的代言人的消息报道，结果发现自 2004 年以来仅仅孔子学院就已经以星火燎原之势基本上布满了亚非欧美。这样"孔子是软实力"这一论断就不证自明了。这让我想起了上一次回北京偶然路过北京的孔子学院总部，珠灰的巍峨的大楼远远看去像个城堡，对面的高架桥以飞扬的态势向远处延伸一直到看不见。在北京深秋的暮色苍茫之中显得深邃而神秘。恰好与孔子被冠以的"图腾式软实力代言人"的头衔遥相呼应。

孔子作为崛起之中国的形象代言人，这本身是一件很令人愉快的事情。愉快之余，我也产生了疑问。他老人家被无限抬高到只能受人膜拜的地步，他老人家是不是愿意？被人这么捧着供着无边无际地赞美着天天在天上飘着下不了地是不是偶尔也觉得累？当然了，人们可以用庄子的"子非鱼"式的反问质疑我：你又不是孔子，你怎么知道孔子不愿意？ 再说了，喜欢听好听的，爱吃好吃的都是人之常情，不喜欢才怪！如果真是这样，那些慕孔子盛名而来的在孔子学院学习语言和文化的人们是否喜欢这种二话不说，纳头便拜，只能接受不能质疑的学习方式？他们难道不喜欢听好听的，不想学习的时候轻松愉快点？连孔子自己都说："道不远人。人之为道而远人人之为道而远人，不可以为道。"显然孔子也不太愿意这样嘛。推行软实力目的是结交更多的朋友，获得更多的发展空间，自己把自己搞得那么高不可攀，上去了就不下来了，怎么让别人亲近和喜欢你呢？

《论语》里面记载了一些孔子生前言行。很明显的这个老人家在年轻的时候能骑马，会射箭，还精通音乐。 是不是百步穿杨不知道，但是他音乐造诣相当了得是非常明显的，要不他怎么能够收集各国民歌然后集成一部"诗三百"呢？ 而且他的品位也不坏，喜欢"愉快而不淫荡"的音乐。这个品位反映出老人家是个心智很健全的人。还有一点很重要，史载他身长九尺六寸，具体多高说不准，总之很高大。要是打算把孔子老人家作为软实力代言人的话，是不是想想从这些方面进行包装？一个健康的，快乐的，热爱运动的，身形伟岸而且充满智慧的圣贤，在我看来，要强过高不可攀的文明图腾，至少前者有温度，是活生生的，接近的时候内心会产生温暖。

世间再无白毛女

　　不久前甚嚣尘上的一个争论是："白毛女"是不是应该嫁给"黄世仁"，一个心直口快的 90 后女大学生就傻傻地发言了：现在找工作这么难，嫁给"黄世仁"，等手里有了钱，可以再自我奋斗，实现自己的理想，这不失为一种好选择。此言一出，石破天惊，人们又愤怒了。有人说这样说话简直就是丧失人格尊严，有人说说这样的话根本就是没有灵魂，还有人用语直截了当，你就是犯贱！愤怒之余得出结论，中国年轻人的道德沦丧了，这可怎么好啊！看到这些铺天盖地的骂人话，心虚地联想起上个世纪九十年代在中国某高校学府中女生宿舍中盛行的对联，上联：有钱有车有房子。下联：没爹没妈没孩子。横批：甘当小蜜。可是后来的事实是：我们班女生没人"甘当小蜜"。我们都踏踏实实过着自己的生活，承担着自己的应当承担的责任，为社会尽着自己的一份力。当年我们长得都不丑，称之为有潜力的"穷姑娘"也没什么可不好意思的。我们喜欢这样的"狂妄"之语，无非是和李贽狂热钟情于《水浒传》一样的心情，"大块吃肉，大碗喝酒"像草莽英雄一样过痛快的日子。生活在这个"人太多，爱太少，苦难忍，钱难赚"的世界里，还不让我们偶尔在语言上和想象里放纵一下吗？

　　历史语境中的"白毛女"一家一直受到地主"黄世仁"的残酷欺压，故事最令人动容之处是地主"黄世仁"在大年夜逼死"白毛女"可怜的父亲，这层仇恨到这样的地步就无法再调解，"白毛女"于是誓死反抗地主黄世仁"父债女还"的进一步逼迫，最终躲进深山过了很多年不见天日的生活，人民解放军把她从深山中解救出来的时候，她已经面目全非，满头白发，极尽悲惨。如果在这个语境下，"白毛女"选择嫁给地主黄世仁，只有两个可能性，一是"白毛女"疯了，二是"白毛女"拥有缜密的复仇计划，假意嫁给仇人，然后伺机杀掉他。可是大多数的人，有道德的善良人会选择"白毛女"的历史道路：逃跑。现实语境中的"白毛女"，在这个女大学生单纯幼稚的头脑中，仅仅是个贫穷的化身，压迫和仇恨的痕迹已经相当模糊，于是她问：嫁给地主黄世仁怎么不好了？贫穷嫁给富裕有问题吗？要是这个女大学生把贫穷的"白毛女"换成更贫穷的"黄毛女"、"粉毛女"甚至"花毛女"，大家都不会这么愤怒的，最多指责她：太不含蓄，家长回家好好管管。

这场有如潮水般的怒骂明显表露出中国的文化传统中缺乏提问、质疑和辩论的氛围。就像文言文中的通假字一样，有些本来就是写错的字，后人为了追思古人并表示对前人的尊重，尽管有疑问也小心翼翼不提出来，甚至宁可用正确的字注释错误的字，也不在校对中更正过来，长此以往，对的是对的，错的也是对的，进而发展成一门学问。要是有个愣头青的年轻人说不应该这样，应该是那样，甚至就是问问为什么会这样，也会当即遭到师长父母的棒喝：闭嘴！然而年轻人知道为什么需要闭嘴，或者哪些时候需要闭嘴，是最基本的权利。

　　"白毛女"作为"弱势群体"的经典人物，身上承载着比"窦娥冤"还冤的冤情，生来就是接受同情的。不谙世事的年轻人要是非想讨论讨论"穷姑娘嫁给富老头"的话题，不要用"白毛女"刺激大家强健的怜悯受害者的神经。可是话说回来，要不是这个女大学生，谁还记得穷苦姑娘"白毛女"呢？恐怕她已经落入"世间再无白毛女"的命运之中了。

英伦式的自省与中国式的程式

　　端坐在电视机前从头到尾观看伦敦奥运会开幕式，在轻松中追忆一段英国历史：从英伦三岛的"田园牧歌"，到工业革命的强盛之路，同时另一条人文线索贯穿始终，莎士比亚、"憨豆先生"、"007"、"摇滚乐"，这些在英国的历史进程中经典的文化艺术结晶令整个开幕式熠熠生辉。最令我动容的是一群穿着睡衣的失聪孩童演唱英国国歌；仪仗队中步履蹒跚的老人的面孔，他们自豪而庄重的神情让人莫名感动；火红罂粟花绽放，缅怀第一次世界大战时在法兰西阵亡的 500 名青年士兵的场景；还有一群不知名的青年人点燃奥运主火炬。对于观众来说，这一切传达出的社会讯息是"自省"、"宽容"与"关怀"。

　　记得 2008 年北京奥运会开幕式时，我根本没时间看现场直播，最后买了光碟在家回放那"中国令世界惊艳"的夜晚。整场的开幕式诗意地展现了中华文明的进程，与世界文明融合的步伐，开首就在舞台中央展开一个光辉灿烂的"和"字。"和"在《说文解字》中的意思是"相应也"，而在《康熙字典》中演变为："顺也，谐也，不坚不柔也。"在那个惊艳的夜晚，观众沉浸在一幅幅瑰丽文明画卷的同时，中国也向世界传达了他的哲学思想和敞开心胸展现了她的文化心理。

之后不久就在网上看到对北京奥运会中所呈现出的"令人吃惊的集体主义"的热烈讨论。整齐划一，团体操表演，个人完全融入集体中不见踪影。中国的国粹京剧被誉为"戴着镣铐舞蹈"，唱念做打都要一丝不苟遵循程式，而真正的艺术家还是让程式之上开放出艺术之花。"程式"其实是这门艺术相对较高的门槛。北京奥运会中那些整齐划一的团体操表演，如果深究它的文化根源，就来源于中国古典艺术中不可忽视的一个审美标准：程式美。

无论是伦敦奥运会还是北京奥运会，都以本民族特有的方式，明确地向世界传达了两种文明的演进过程，北京以其博大精深的文化传承，而伦敦凭借它的宽容和诚实，将一个个激动人心而又充满温情的画面存留在世人心间。

正如伦敦奥运会开幕典礼的导演博伊尔所言，他希望伦敦奥运会开幕式能体现"与生俱来的诚实"。4 年前的北京奥运会开幕式将盛大的规模和恢弘的气势推到顶峰，对此博伊尔感觉"如释重负"，转而将伦敦的开幕式视为"英伦式的自省。"

听一次报告热泪盈眶五回的人大代表

据中国经济网报道，十八大的宁夏代表聆听总书记的工作报告过程中五度泪如雨下。不久微博转载腾讯新闻，一位来自北京的代表，描述自己满含热泪听完了报告。不出所料，骂声调侃声此起彼伏，不绝于耳，长达几十页的评论回复令人捧腹，摘取数则如下：中国的百花电影奖为什么不颁给你？你是哪个精神病院跑出来的？戏有多大，舞台就有多大。是我的泪腺有问题吗？

中国网民的调侃功夫堪称无双。中国网民对政府官员的不信任也溢于言表。

刚刚尘埃落定的美国总统大选，奥巴马胜出连任。然而奥巴马刚刚前方报捷，美国股市就在后方大跌，原因是预见到奥巴马总统连任后就会遭遇"财政悬崖"与分裂的国会的大问题。奥巴马总统在他的胜利演说中也毫不讳言，他说：虽然我们一路走来很艰难，旅程很漫长，但我们已经振作起来，我们已经做出反击……我们知道，对美国来说，更美好的日子即将到来。既然选择奥巴马将会走一条如此艰难的道路，为什么美国国民还是选择了他？

中国的微博上流传着奥巴马在大雨中抹去脸上的雨水，完成竞选演说的照片。还流传着奥巴马偶然访问一间小餐厅，被兴奋的餐厅老板拦腰抱起的照片。还流传着在白宫奥巴马俯身低头让一个白宫临时工的孩子抚摸他的头。于是网民们马上跟帖一张中国官员红毯铺地，绵延近一公里，"千骑拥高牙"地巡视内地某河道。令人联想起唐朝柳宗元在《捕蛇者说》对地方官员的描述：叫嚣乎东西，隳突乎南北，哗然而骇者，鸡犬不得宁。在网络讯息飞速流传的时代，中国人常常被自己看到的现实震撼和愤怒或者扭曲，因不平而发出各式鸣叫。在一片喧嚣之中，人们从未静下心来想一想：如此幅员辽阔，情况错综的巨大国家，要是没有一批兢兢业业，聪明勤奋的人做事，有什么机会获得令人瞩目的发展？明朝万历年间，皇帝不上朝不问政的时间长达四十多年，然而国家机器依然维持运作，如果没有一批殚精竭虑的官员维系，王朝早已分崩离析。

美国总统的选战竞争残酷，总统候选人不辞劳苦连续奔波，发表演说，说服并打动选民，与对手争锋相对辩论，施政方针举足轻重，然而人格魅力的作用也不可忽视。凡听过和读过奥巴马夫妇演说的人很难不为之所动，生动，真诚，低调。尤其是"只有努力才能成功"的宣言为无数人带来了奋斗的希望，尽管美国面临种种危机和困难，只要努力就能度过危机，过上好日子。纵观中国领袖，近十年来只有朱镕基曾经说过狠话：不管前面是地雷阵还是万丈深渊，我都将一往无前，义无反顾，鞠躬尽瘁，死而后已。在人心低迷的中国，这样的声音基本绝迹。一个领袖最重要的素质和责任难道不是振奋士气吗？否则为什么中国已经取得了惊人的发展，物质生活水平大幅度提高的情况之下，抱怨和不满反而前所未有的高涨？

抒写城市

2012 年的新加坡作家节的主题是"抒写城市"。

池莉、黄春明、虎威和孙爱玲名为"城市文学"的演讲犹如落幕之后的余声，悠游不去，在都市的上空久久回荡。

建筑，都市里凝固的音乐，由本地作家虎威缓缓奏响，他带领着听众回顾新加坡不同年代代表性的街景，或破败，或繁荣，或熙攘，或鳞次栉比，这一番沧海桑田般的演进，留住了建筑设计师兼作家虎威无数凝望的眼神，他仿佛是一个冷静的旁观者凝视着新加坡翻天覆地的变化，用他深沉朴实的文字记录着变化，缅怀着今昔，为过往的时光留下一个现代人的人文祭奠。

孙爱玲的口头禅是"怎么回事呢？" 她不断以这句口头禅表达她内心的困惑。这困惑来自光怪陆离的都市生活，目不暇接的都市变化，还有一个都市人身处都市却无法真正了解它的奇怪处境。她那天一袭印度传统服装，纱丽飘垂于身前，她轻轻牵起纱丽，并不看听众，仿佛是在向自己发出疑问："我今天为什么会穿印度纱丽？我生于斯长于斯，我却连一首印度歌曲都无法好好唱出，我们是不是常常在忽略我们身边的事物？如此懊恼！" 看着她自言自语，我不禁想起朱自清在他的匆匆里无奈而痛切地发问：你聪明的，告诉我，我们的日子为什么一去不复返呢？一个生长在多元种族都市的作家、知识分子在都市的漩涡中不断省思。

来自武汉的作家池莉拥有无数读者，她的一部《生活秀》"秀"遍荧屏舞台，她对书中的都市女性一律赋予传统中男人才拥有的品格，她们坚毅、自信、独立、果断然而风情万种。池莉似乎对都市女性应当具有的品格已然拥有自己鲜明的主张。

来自台湾的黄春明是这场演讲中最幽默的一位。尽管已经七十八岁高龄，可是他在演讲的过程中可以说是激情澎湃，妙语如珠，到处都是包袱。令听众捧腹。比如他将台北比喻为一头凶恶的怪兽，吸纳了无数有欲望的生命，这些生命在周末时从怪兽爪牙的缝隙之间蹑手蹑脚地逃离，然后又迫不得已在上班之前从爪牙之间潜回。他在描述这一切的时候声情并茂还有动作，令人忍俊不禁。结束时他摸出手帕擦擦自己的额头，语速奇快地说道：我平常说话根本没有这么快，主办方太残忍，只给我半小时。又引起一阵哄堂大笑。

演讲结束之后，我发现一见很有趣的事情，黄春明肩上挎着一个包微微驼着背走出会场，留在场外尚未散去的听众纷纷称他"黄老师"，他听后先是一愣，看看左右，确定是在叫自己之后，他尴尬地笑一笑，匆匆走了。

抒写城市

Taxi Driver

在我的日常生活中，每天都要接触的就是 taxi driver。在车上看书会晕车，鼓捣 ipad 更晕，因此一天两次三次在出租车上的短程旅途，我都会跟 taxi driver 聊得热火朝天。

可喜的是，我不是单方面热火朝天，基本上每个 taxi driver 都对我直抒胸臆。为我有时乏善可陈的生活增添许多乐趣。跟他们聊天的时候，总是让我想起小时候看的俄罗斯小说，白茫茫的雪原，光秃秃的白桦林深处一座木头房子，房子里篝火熊熊，那些劳累了一天的人围着篝火一边弹奏 DOMRA，一边讲故事。我在跟司机们神聊的时候，不知为什么脑海中总是这样的场景，背景音乐总是日瓦格医生的电影旋律。

生活的现场总让我有时候很迷惑，那油然而生的美感常常让我在跟他们谈笑风生时忘记身在何处。

今天遇到的这个司机相当典型。

我一上车，他就戒备地问我：去哪里？

去 BT。我回答，心里纳闷他为什么紧张？

怎么走？他继续追问，脊背挺直。

前面 U turn，然后走荷兰路。我赶紧回答。

前面转对吗？他继续追问。

哥，你是肿么了？我只好用网络语言反问他，语气加上他完全不懂的意思，他应当理解我的不满了。

果然他安静下来，按照我的想法转弯，上了大路。他的样子很典型有趣，意思就是他的面部由几条弧线构成，我总是固执地认为，弧线构成的事物总是喜感的，你看苹果，你看西瓜，你再看看加菲猫和大番薯。

于是我就问他：你不开心啊？

于是千里黄河呀么就水滔滔了。

我跟你讲啊，我为什么要问你，再问你多一次！因为我昨天一连遇到两个神经病。

我笑得前仰后合，在我规范的生活中已经很少出现这样具有现场感的鲜活的语言了。

什么情况？我问。

第一个我看到他从旅行巴士下车，我就追上去等她。她上车之后告诉我要去金文泰。我就问她咯，是不是这样这样走。她就回我是咯，走 PIE（新加坡某高速路）就对了。我就走咯，结果走不到一半她就喊，谁叫你这样走？我就回她，我不是问过你是不是这样这样走，你自己说 PIE 就对了，那我就这样这样走咯。她就问我你为什么不问问我怎么去 PIE。我就回一开车时就问你是不是这样这样走，你说是。她就问我，你是为什么不多问一次？

听到这里，我已经笑得不行了。他补充说：我已经落枕第二天了，我的脖子疼得要死，我又不能不工作，又接二连三遇到这样的神经病！

我听到这里不笑了。落枕了还不能不工作，说什么都不能再笑了。尽管我脑袋里面出现无数郭德纲。老大问碎催：为什么不穿大褂？滚！一个大嘴巴。碎催第二天赶紧穿一件大褂。老大又质疑：为什么不穿西装？滚！又一个大嘴巴。碎催眼泪滚滚而下。无论司机还是我，生活中我们都常常被碎催，只是他遭遇的频率可能更大一些。

你怎么不笑了？他问我。

我赶紧问：那另外一个呢？

他又拉开话闸。

第二个更好笑，我跟你讲。一上车就告诉我，你不要绕路，我知道怎么走！我就问他怎么走。他就回往前走。我就脸黑黑往前走。走着走着他说去 Orchard。我听了很气，就回他，Orchard 刚才就该转嘛！那你刚才不告诉我？他居然还反问我。我落枕第二天，脖子痛到要死，我又不能不工作，把他丢下去。我就找到路口转去 Orchard，不再睬他。结果你猜他怎样？

怎样？我赶紧问，完全被他的故事吸引了。

这个神经病，一定要我停！停！停！刚刚过巴士站几米，后面还有巴士要出，疯的吗？我不睬他，继续开，到一个安全的地方，停。你懂他跟我讲什么？

讲什么？我等不及要听到结果。

他居然跟我讲，巴士站前九米就可以停。我气到，我打开我的工具箱，我拿我的尺，我下车就去量，八米九，我要他下来看。他死都不要下来。

我听到这里真的要笑死了。是近一个月来最开心的大笑。

你要下车了咩？他看着笑得快昏死过去的我问。

我一看车窗外，已经到了。我一边把钱递给他，一边祝他好运。

他冷笑一声：我天天祈祷老天不要再搞我了。之后绝尘而去。

流水势

你——谨以此文献给我的爸爸

你老了，我不知道怎样爱你。

那年年底回家看你，一路上见面的场景浮现在眼前的时候，我有一种难以言表的怪异感觉。从车上跳下来，我直接就牵住了年仅五岁的侄女的手，你则跟在我们身后。我时常回头问你几句话，你总是先把目光和手落在侄女身上，所以你所有的回答仿佛都是先传达给那个小孩，然后折射给我。这样我们都会感觉好一点。

听起来好象我们之间，父亲和在外面飘荡不归的女儿之间有了很深的隔阂。其实没有，我们之间从来没有隔阂。

北方的冬天，大雪如席，十几岁的我偷偷地从学校溜出来往家赶，半路上遇到正要出门上班的你。你问我为什么又回来了，我说爸，冰太厚了，我怕你滑倒。然后我们并排一溜小跑往前走，到分手的地方，你去上班，我去上学。其实那年你最多也就四十岁。

你给我很多自由，自由地选择你不喜欢的大学和专业，自由地和你不喜欢的人结婚，自由的独自出国谋生，自由的两年不回一次家，自由地好几个月不打一次电话。从十七岁那年开始，我就被你赋予了绝对的自由。于是我越飞越快，越飞越远，终于飞离了你们的视线，终于如愿以偿变成一个问题像头发一样多的人。对于这一点，你和我都始料不及。你以为我高飞的终极目标还是土地，而我以为我所有的问题都能得到你的回答。

你曾经很认真地跟我说过我将是一个成功的孩子。我想那是我不顾一切振翅高飞的源动力。你和我都不甘于平庸的生活，所以我认为我是在搬演和发扬你的生活。可是我离你越来越远了，以至于你和我不得不把感情倾注在一个孩子身上，从她身上，你看到了我，我也感觉到了你。从前我写字，用笔写在纸上，现在写字手指碰触键盘，字闪现在荧幕上。我倾注了同样多，却感到无法直接触摸以前那如影随形的东西。发现这一点的那一段时间，我失魂

你——谨以此文献给我的爸爸

117

落魄。

夜深人静，我躺在沙发上看书。你的书很多，俯拾皆是。以前每当这种时候，你房间的灯就会亮起，然后你踱出房门加入我。我们交换各自手中的书，我用林语堂的《中国人》换来你手中的《三国演义》，迅速翻到曹操临终的章节，周瑜酒后狂吟的章节，诸葛亮星落五丈原的章节，英雄的悲情和豪情在整个房子激荡，而你就在我身边，形影不离。

我看见你房间的灯亮了，没有人出来，之后一阵咳嗽，灯又灭了。

你无力再与我分享豪情，我很难过。你不能再回答我的问题，我很失落。你也不知道我的下一个目标，我很害怕。你老了，我即将而立，你爱五岁的侄女一如爱我你爱五岁的侄女一如爱我，甚至超过爱我。我爱五岁的侄女一如爱你，甚至超过爱你。

每一次见到你，你的变化都让我心头一震。你老了，你的头发老了，你的眼睛老了，你的手老了，你的膝盖也老了，你的整个身体都不可阻挡地正在老去。你依然和侄女玩那个"空中飞人"的游戏。那个小孩被你抛向空中的时候，你开怀大笑，然后她尖叫着大笑着回到你的怀抱，

　　　你——谨以此文献给我的爸爸

一如二十多年前我们之间的游戏。我看着你们，我看着二十多年前的你和我，我在时间中游移不定。

我再一次不可阻挡的远走高飞，脱离你的引力，飞出你的视野。我已经知道，我延续的不再是你的生活，而是我自己的生活。只为自己生活，这个理由让我飞没有根据。所以我回头，不断地回头，等你跟我如影随形，等你一挥手的一道命令。你并不看我，我也不看你，我像鸟一样在你的头顶盘旋不肯离去。

那天你突然谈起死去很多年的祖父，你说他工作到七十岁才退休，真可怜。我为你"真可怜"这句评语一个人跑进屋子呆了五分钟，这让我想到了总有一天你和我之间的阻隔和差距不再是时间，而是阴阳两个世界，这个念头让我的眼泪没有经过酝酿就夺眶而出。就算我作出天大的成就来，对此也不能有分毫改变。

我唯一能改变的是，我从此不再跟你讨论关于我的未来和我的人生还有我的问题，我只跟你一起回忆二十多年前或者更早的时候我怎么在你怀里学会唐诗，背会宋词，我只帮你想起十几年前当我成绩一落千丈的时候，你怎么引经据典地表达你的失望还有我是多么无地自容……从今以后我能为你做的就是见到你的时候把从前所有的事情再

你——谨以此文献给我的爸爸

绘声绘色从头讲起。因为我发现，只有我们话说从头的时候你和我才会心有灵犀。

　　每一次飞走的时候，决定不再回头的那一霎那，我的心都是麻木的。我不想你看我的背影时候感到我的动摇和对未来的不确定，我不能再让你送我上路，陪我起飞，我要把我的问题全都带走，从此缄口不言。

　　我决定这样爱你。

　　　　　　你——谨以此文献给我的爸爸

一个七零后的"蜗居"故事

N 年前，我大学毕业分配进一个北京一个不大不小的单位，瑞是我的同事兼室友。记得那一天我摸进我那半地下的宿舍时，脚步声惊醒了楼道的声控灯，一张木床赫然映入我眼帘，很寒酸很局促地贴在门前的墙上。我的床被安置在一室一厅的那个厅里，和同屋的瑞、贺隔着一道门。

瑞个子很高，皮肤很白，但总是眉头紧锁，和人讲话力求表达清晰，用词准确。有一天，她皱着眉头走向我宣布重大决定："我们决定让你搬进来和我们一起住。"然后看了我一眼转身离去。在我登堂入室的那一天晚上，我们三个人在黑暗中聊天，我清楚了贺有一个在美国的男朋友，不久之后就要漂洋过海。我清楚了瑞对于美好未来永远保持沉默，她在黑暗中伸展着身躯说："我们三个总算团圆了。"那时，我的心一揪。

贺远涉重洋之后与我朝夕相对的就是瑞。春夏秋冬如此迅速地交替着，四季的变化无论如何也引不起我的兴趣。而瑞对于四季的变迁是如此敏感，敏感到见花落泪对月伤心的地步。春花初绽的时候是她一年中最幸福的时刻，我依然记得她挺拔的身体在春天的阳光中欢快地前行，她兴奋地游说躺在床上的我趁着大好时光去打排球。她最恨冬

天和刮风，很多次我看见她站在窗口流泪，因为怕我看见
而不肯回头，但我能明白她。她曾经告诉我她从小就在父
母之间左右逢源，为了让他们和平共处她费尽心机，父母
之间冰一样的寒冷使得她对气候的寒冷更加敏感。她也告
诉我她最高的理想就是有一个温馨的家，永远像春天般温
暖。我从来没有想过我会在地下室呆一辈子，然而 N 年前
的我却走不出去。我时常想为何在瑞看来理所当然的东西
在我这里却水火难容。她皱着眉头却一丝不苟地工作着，
她外表平静内心如火地找到一个爱人，在向我宣布的时候
第一次全部展开笑脸，从此我清楚每个人幸福的概念是不
同的。

　　我与瑞告别的方式非常尴尬。我们两个来自同样的故
乡，同样在北京上了四年大学，然后分配到一个地方，经
历的相同并不代表个性相同。但有一点是相同的，那就是
生活对我们的磨练和为难是一致的。我放荡不羁的个性，
我对于飘忽不定的梦想的奢望，常常使我陷入绝望。每当
我想对瑞说的时候，她总是有意回避，她常说我对生活要
求太高，然后不假思索地离开我。

　　我终于生病了，瑞和她的男朋友来看我，有些欲言又
止。我出院的那天晚上，又一次与瑞抵足而眠。黑暗中我
听见她的呼吸，我极其平静地听她讲她要结婚了，她要一

个栖身之地，所以我们现在共同居住的地方将会成为她的新房，可那天去医院看我时如何也说不出口。

我于是匆忙结婚了。她也结婚了，婚礼很盛大，那天她很漂亮，仿佛生命被点亮，光彩照人。其他同事惊异于我的出现，我还会那样谈笑自若。我忘不了瑞站在地下室抬头望窗外，忘不了她在春天里活跃快乐的身影，忘不了她在夜深人静的时候蒙头大哭，那时候是我把纸巾盒放在她手里。

岁月流转，听说瑞已经有了孩子，而我也在跟生活的不断较劲中得以尘埃落定，幸运地得到阿圈宝贝。我有时会想我们再见面时会是如何一番景象，最好还是相逢一笑、擦肩而过吧。只有那样，我们所有的年轻过往才会保持它的完整和优美，我们从未互相给予和得到什么，彼此拥有的只是在很年轻的时候所留下的不可触碰的婴儿般的真诚。

三月十八日

终于有空记下我的三八生日。我是三十八呢还是二十四呢？

这几天我的那个年龄跟我一样，内心还是小姑娘的同事反复追忆往事，都是上大学时候的事。我很羡慕她。因为我的大学生活的模糊程度比圈圈小时候用过的围兜还糟糕。

反复阅读《苏东坡传》，别误会，不是因为我要反复玩味，而是我接二连三忘记。将近二十年前读过的书，不管我怎么复习，留在我脑海中的就是那几句诗，这可能就是人类的所谓通感吧。"飘渺孤鸿影，惊起却回头。""长恨此生非我有，何时忘却营营。"也有人把第一个"营"写成苍蝇的"蝇"。非常不美，鲁迅在日本学医的时候为了好看把胫骨画得直溜溜，我也是那样的人，为了所谓的美，常常视而不见真实的丑陋，扭曲为美。所谓的换角度，远距离，俯视全都是为了"美"。美得可真累。

我在将近四十岁的时候究竟有什么好说呢？

我想对我的朋友说，如果他们听得见的话，别着急别上火，我们一定得找时间见一面。

我想对老虎说：你赶快回来看孩子来，我一个人有点盯不住了。

我想对妈妈说：谢谢您经历那么多辛苦把我养大，却从来只字不提。

我想对圈圈说：妈妈快累死了，宝宝。乖一点吧。

三十八岁，我发现我的所有生活仿佛是从圈圈出生之后才开始的，悲欢离合，爱恨情仇都浓缩在这四年里，以异样丰盛的姿态呈现在我眼前。因为过于丰富，差点让我因噎废食。如果有时间，我会长久地坐着，什么都不干，就是一个人静静地坐着，脑子里因为东西太多而干脆就关闭了。以前我特别不理解《2046》里面机器人的意象，那些行径古怪，外表华丽，内心却扭曲脆弱的机器人属于"恶之花"。美与恶彼此交融的时候，那种感触，我的天！

作为妈妈，我现在以我三十八年的生命祈祷：让孩子们都远离"2046"。

我的圈圈最近遭遇了四年小生活的第一个挫折。跟小朋友的相处出现裂痕。小朋友的一句"我不要跟你做朋友！"深深刺伤了她的小心灵，一个礼拜以来像牵牛花的藤蔓一样缠绕住我，一分钟都不分离，但是在一起却总是把她心里的委屈发泄在我身上。小小的年纪怎么会有这么大情绪？我只好费了九牛二虎之力追忆我很小很小的时候，那种难度不比从现在穿越到清朝容易。我的脑袋都想疼了，我也知道今后这样的问题只会越来越多。还是得打起精神来面对，究竟应该怎么爱她才合适呢？我必须要认真地思考一下了。

　　我的三十八岁就这样来临了，就像十八年前的二十岁，八年前的三十岁，一个个接踵而至，到来的形式越来越没形式，吴秀波说的对：高低在心，人还是那个人。这句话积极的地方在于：我一直坚持不懈地努力着，我的内心也渐渐趋于坚强和平静。　美丽的人生美不美丽在这个年纪完全不能再依靠他人了。

六月份最后一天

六月最后一天了，得画个完美小句号。流年似水啊，眨眼间 2011 年就过去一半了。 不久又该盘点所谓的 2011 年成败得失和悲欢荣辱了。可是这么大起大落的字眼真是和我现在平静平凡平淡的生活完全不搭调了，只能镶 个 镜 框 挂 起 来 供 我 凭 吊 了 。

前几天偶然看到吴秀波的一个访谈，不是我主动要看的，是随便打开一个电台看到的几率都很大。因为红嘛。我首先惊诧于这么高龄能保持成那样的脸，他为啥不开个美容讲座呢？其次我惊诧于这个人活得太明白了，比如他给自己的人生画了一条线，别的嘉宾非螺旋上升就波浪前进，只有这位仁兄，画了一条直线，按照医学的心电图来讲，一条直线就是挂啦。然后他总结道：我从来没变过，高低只是心而已，人一样。太深奥了这话，也太宿命了，仿佛他一直在暗中观察自己，前面的路早就看得清清楚楚，失去了很多的人生探索的乐趣。还有《你是我兄弟》里面的一枝花，那么漂亮的一个姑娘了无生趣，最后死去了。最近老虎到处找店址，我一再告诫他：不能只图好看，再高尚的地方，不合适最终让你吃不了兜着走。我为什么这么告诫他呢？因为他看完这部电视剧之后，内心久久不能平静，他的不平静从来不会说出来，都是我在谈起那个人物的时候，他那种失魂落魄若即若离的神情，让我感受到，也许男人内心深处都在追求一个唯美的女人，完美的女人，值得让他抛家舍命的人，大部分人可能在半途中就不得不放弃这个唯美的符号了，而我们家老虎不这样，至今处于幻想中，这直接影响到他的工作。我也了解到，只要是妻子，你就永远不可能在他心目中上升到这个高度，其实没没什么想不开的，你愿意跟神仙一起生活吗？我觉得还是当凡世间的人比较踏实，我觉得有人赞美你：你是我的女神儿，或者你是落入凡间的仙女儿，跟骂人没两样，在凡间混得神仙和在神界混的人一样，都难受。老虎这一点其实还是挺可爱的，这么高龄了，还被一个虚构的形象打动成这样，并且让他一直在选店址这件事情上委决不下，除了让我对他有了新的认知之外，也让我肩负起自己的责任，提醒他不要犯感性的错误。我们现在就是同船渡，到底这是不是爱呢？一定得说是吧，否则你怎么解释处处想让他避过风险，时时想让他平安呢？

在北京的时候去蓝色港湾，那就是一个显得很时尚的地方，据说夜店很活跃，但是我没去过。很多商铺还空着，相当有气质。在 STARBUCKS 里面小憩的人，面前都驾着一个苹果电脑，凝神注目地学习着或者打游戏着，我怀着忐忑不安的心情在这个地方给圈圈录了一小段影，希望没打搅静谧而时尚的学习气氛。我太喜欢圈圈了，每天拉着她的手送她上学，听老师叨咕她上课东张西望，我都忍不住笑出来。

这诡异的几天

　　家里的小人儿圈圈就要两岁一个月零二天了，小人儿的爸爸老虎也即将过第二个 20 岁生日，我们的婚姻即将进入第二个六年。 12 是个好数字，我喜欢双数。

　　礼拜天老虎就要回来了，他对这种在天空中时不时飞一下的生活感到很满意，我怎么知道呢？因为有数的几次从机场接他回来，隔着大玻璃门看进去免税店，十有八九能找到他，脸上总是丰收的喜悦。他这个人天生高兴，我很羡慕。因此他也总是不理解"你的情绪怎么总是跟股市一样起伏这么大呢？"我也不知道啊，关键是。

　　这几天很诡异，礼拜一是我学车的日子，我完全忘了，快到家的时候手机提示响了，我一不做二不休就没去。根据我印象中的手机纪录，我礼拜三也学车，于是昨天我两点就溜出来了，并且一直沾沾自喜没等到手机提示我呢，我就自发自觉了，并且一路上一直刻意等待手机提示，一直没等到，带着疑惑和猜测我走进车场看看今天是几号车，又有哪个师傅要倒霉啦？结果你们也一定猜到了，今天根本不学车，手机纪录的是上午需要见一个卖书的，我已经见过了。当时新加坡的天空相当阴霾，淫雨霏霏，我顺手在车场的餐厅拎了一把椅子，真想坐在雨里凉快凉快。

说起这件事必须也讲一讲礼拜二的事，礼拜二是我的舞蹈日，下车的地方离舞蹈学校很近，走路不到 3 分钟。可是我下车的时候正在下雨，从圈圈小头发似的小毛毛雨眼看就要变成圈圈眼泪似的哗哗雨，那我必须打车啊。一个高跟鞋妇女，把包顶在脑袋上在雨中狂奔，脸上笑容绽放，广告上老有这个，可是广告上没有的是她狂奔之后怎么收拾，尤其是睫毛油万一是不防水的那种？　我有心没力了，用圈圈的话说就是："一切已经过去啦！"然后我就打车了。马来人司机问我：去哪儿？CATHY。我答。他扭过头来看着我，在我们目光对接的一霎那，我们都爆发出发自内心的大笑，因为实在太近了。　一路上司机大叔笑一阵儿，停一阵儿，然后想起什么来，又笑一阵儿，偶尔还回过头来看我一眼，接着忍着笑转过去。我跟大叔说：别客气，笑出来吧。全程用了 5 分半钟，因为下雨路上堵车用去 3 分半钟。还有半分钟是我保守估计到地方了大叔不让我下车我也不想下车继续嘲笑花去的时间。我给他带来了快乐，不是吗？

　　舞蹈班那天 10 个同学只来了 5 个。我高兴极了，为什么呢？最近我觉得自己拖拉懒散，而且有更加拖拉懒散的趋势。为了不承认这个事实，我就更加卖力地做想做的事。　我们班那么多同学就因为一场小雨就猫在家里不上课，鲜明地衬托出我的不懒散和不拖拉，我的积极性被充分调动起来，一见钟情没过脑子给圈圈也报名了一个宝宝舞蹈班。晚上回家，圈圈挨挨挤挤跟我坐在一张椅子上，看着视频里的爸爸："哇，光溜溜的大脑门儿！"

这就是我这诡异的几天。

熙攘的历史名城马六甲

马六甲于 2008 年 7 月被联合国教科文组织列入世界文化遗产名录。马六甲的历史应当说是饱经风霜，传说十五世纪初期，一位叫作 Parameswara 的苏丹打猎途中在一棵树下休息，面前一条不知名的河流缓缓流淌，其时他正在饶有兴趣地观看他的一条猎狗围追堵截一只鼠鹿，鼠鹿走投无路时，绝地反击，竟然将凶恶的猎狗推进河水。Parameswara 被鼠鹿背水一战的勇气深深激励，他面前刚刚上演的一场以弱胜强的自然搏击令他的内心久久不能平静，他决定就在此时此地建立一个王朝，命名为"马六甲"。然而王朝维持了仅仅一个世纪就被西方的冒险们摧毁了，从 1511 年起，先后经历葡萄牙、荷兰、英国东印度公司、日本的占领和统治，终于在 1948 年归入马来亚联邦。现在的马六甲，站在河边远眺，河水中倒映着两岸的民居和商铺，一派繁荣安宁，而那些不断印入眼帘的红教堂、炮台、博物馆在行走时的每一步都告诉你这曾经是一个满身都是历史和传奇的奇妙地方，历史战场中的生还者。

马六甲也是"郑和下西洋"的重要一站。1405 年到 1407 年之间，郑和曾登陆马六甲传播大明王朝的国威与缔结友邦的善意。三保庙就是为了纪念此次空前浩大的航行而修建的。虽然我对郑和下西洋的历史并不熟悉，中学历史书上也仅仅是寥寥几笔的颂扬，但是我猜想他在当地一定作了很多好事，要不然人们不会修建一座庙宇来纪念他。在三保庙的旁边就有一口被封住的深井，据说这口井在郑和登陆初期曾供给整个船队饮水，"红毛人"在井水中大量投毒，想通过这种手段赶走郑和的船队。这才是郑和下西洋的最初一两年，在他 28 年的航行生涯中，这仅仅是个开头。伟大人物让人感佩，让人沉思，让人自省。我身后的这个布告栏虽然陈旧，可是上面都是"大名"，前中国总理李鹏、现任国家主席都曾在这里凭吊。

历史是多么奇妙， 2011 年春节，一个旅途中的女人怀抱她的孩子，坐在三保庙古旧低沉珍贵的中式椅子上留影，感觉充满历史感。人生的过程，有人创造，有人回顾，有人寻找，不管是走哪一条路，都是有意义的。被驱赶也好，被困住也好，上下求索不可得也罢，都是过程。

炮台是马六甲历经硝烟的见证。葡萄牙人征服马六甲之后，马六甲就作为葡国在东印度地区重镇，以马六甲海峡的喉舌位置，没有选择地充当起葡国人继续扩张的基地。500 年的洗礼已然让巍峨的炮台斑驳萧索，曾经的杀气也黯然消退与游人如织的喧嚣之中。

我在马六甲的炮台第一次见到正宗的流浪歌手。何谓正宗呢？在历史浓缩的一角，炮台的空旷地方，四面来风处，不带着怨怼之气唱歌。为什么我还没红？凭什么我对谁都要笑？这些为什么和凭什么的问题已经不问了，唱歌而已，生活方式，苍凉的歌唱出苍凉味，欢娱的歌唱出快乐感，太阳下山了，游人散了，他也退场了。也许这就是流浪歌手的血脉吧。

　　十七世纪中期，荷兰人从葡萄牙人手中攫取了马六甲，在这个地方留下他们不可取代的痕迹——红场（STADTHUYS），荷兰人曾经在这片绵延的红色建筑之中统治马六甲。现在红场沿革为马六甲的历史与人种博物馆。其中展览不同历史时期马六甲人民的服装与艺术，是马六甲最重要的博物馆。

　　马六甲最负盛名的当地美食叫作"鸡饭团"。凡有井水处，即有鸡饭团。我们走进一家当地最了不起的鸡饭团餐厅。了不起不在于食物多好吃，而在于餐厅格局的惊人。穿过人声鼎沸的前庭，就是一个天井，天井里有鱼池，有绿树，梁上还挂着宫灯，和旋转的南洋吊扇，造成一种难以言说的异域风情。最令人吃惊的是木楼之上另有乾坤，推开一扇雕刻精美的木门，尽入眼帘的赫然"正大光明"四个大字，去过故宫的人都知道，"正大光明"意味着什么，这还不算，走不了几步，与绿树阳光之间，一块金光闪闪大牌匾，上面写着：圆明园！仿佛清朝皇帝在这里复辟了。那种感觉难以言说，看来古国的的文化着实在她身外留下难以磨灭的深重痕迹。

shuā yá

忆苦思甜的 **year of tiger** 行 --- 不要迷信爸爸，爸爸只是个传说

从印尼回来已经好几天了，累得就剩下喘气了。因为圈圈 有个传奇爸爸，我有一个 lengend 老公。 此人自以为是地认为与大自然裸距离接触才是放松身心的不二法门。率领着一家四口，其中一个两岁，一个七十六岁，登上渡轮，乘风破浪，驶向虎年的第一个美丽彼岸。 他的传奇风格经常通过各种方式变异，比如我们俩加起来不到 **70** 岁的时候，他在内蒙古的荒郊野外找了块地方，据他自己说是逐水草而观地势，费心费力地在一个崎岖不平的地方

支了个帐篷，草原上的天气就像现在圈圈的小脸，变化莫测，白天穿着背心儿，晚上穿着棉袄，一切物资的取得都要依靠艰苦的劳动，使我不由自主想起我们的祖先山顶洞人。他却特别骄傲，特别自信地问我：怎么样？我蔫然一笑。我是个无可无不可的人，尤其是确诊了他是个传奇人物之后，就忍痛对自己要求严格了，他做什么都能表现出发自内心的赞赏，我何必再给自己继续添堵呢？问题是，那时候没有圈圈，爷爷也不跟着我们，草原的夜空在万籁俱寂时群星闪耀，有个人在身边，默默无语地度过这样的黑夜可以叫作浪漫。

这一次圈圈的爸爸故伎重演，在大年初一的时候，带领着一家老小来到印尼一个莫名其妙的地方。这个地方交通基本靠走，通讯基本靠吼，沟通基本靠比划，纯原生态。我们住的地方从陆上延伸到大海，想睡觉的话，要经过一个长长的栈桥，原木搭建，绳索捆绑，桥上海风肆虐，桥栏缺口巨大，圈圈可以毫不费力不知不觉就掉进海里。每一天睡醒之后登陆去觅食或者购买简陋生活用品，对我这个一心追求安定生活的妇女来说惊险程度如同二次大战的D DAY。

大年初一的当天，情人节的夜晚，爷爷和圈圈都在涛声中熟睡之后，传奇老虎决定庆祝一下这个具有纪念意义的日子。 他进屋拿出啤酒和花生米，胳膊下面还夹着一条印满 hello kitty 图案的大毛巾被。

"盖上吧。"

"你为什么不能把我那条披肩拿来？好看点。"

"这么老晚，这种地界儿，谁看啊？这条挡风。"

我把毛巾被全都裹在了身上，一点没匀给他。

"要是就一个人住在这儿，那可挺可怕的。我听着海浪声，看着脚下昏暗神秘不停摆动的海水。

"这怕什么？"

"万一从水里钻出一个什么东西来？"

"哇，水怪，拿出来吧，"他摊开两只手，表演开始。

"pia pia 两颗大龙珠落在我手上"；他还给龙珠落在手上加上音效。

然后他握紧龙珠，大声向黑洞洞的水宣布："你可以回去啦，不叫你别出来！" 他给自家水怪下达了命令。

我爆发出含泪的大笑。传奇就是传奇啊。

这时远处有人放焰火，花朵绽放之后在水中留下灿烂倒影，海与天短暂地明灭交替。

我们都沉默了，并不尴尬。浪漫吗？也不是，老夫老妻已经远非浪漫可以涵盖了。

这就是我们难忘的虎年春节情人节。